W0191350

# MARCO ⊕ POLO

# SANTORINI

ROMANIA

SERBIA
MONTEN.          BULGARIA

KOSOVO
MACEDONIA

ALBANIA

ITALIA

GRECIA          TURCHIA

Ateneo

Santorini

Rodi

Creta

AUTORE MARCO POLO
**Klaus Bötig**
È dal 1973 che il giornalista di viaggi di Brema visita Santorini ogni anno: da allora ne ha esplorato anche gli angoli più remoti e scoperto bellezze che vanno oltre lo spettacolare bordo della caldera. Ama in particolare la cucina locale e la varietà di forme e colori che la lava e le ceneri vulcaniche assumono. Per le sue ricerche si è avvalso della collaborazione della giovane giornalista ateniese Elisa Hübel.

# VIAGGIARE FACILE

Informazioni aggiornate, consigli, novità e itinerari a portata di un semplice clic. In viaggio con bagaglio leggero grazie ai contenuti speciali che puoi trovare su guidemarcopolo.it, sulla pagina Facebook (facebook.com/guidemarcopolo), l'account Twitter (@guidemarcopolo) e sulla pagina speciale dedicata alla guida che hai in mano: scopri di più nella pagina seguente.

# Accedi ai contenuti speciali su
## guidemarcopolo.it/santorini-per-te

GUIDEMARCOPOLO.IT/SANTORINI-PER-TE

## Una guida in regalo

È dedicata alle offerte low budget e raccoglie consigli ed esperienze per vivere il viaggio (quasi!) gratis. Puoi scaricarla e poi consultarla offline, per essere informato anche quando la connessione internet non è disponibile.

## Articoli e news

Per ogni destinazione una raccolta di notizie, curiosità, interviste che ti aiutano ad approfondire la conoscenza del luogo e a organizzare l'itinerario su misura per te prima e durante il viaggio.

## Informazioni aggiornate

Qualcosa di importante è cambiato in città? Se sì, verificalo online. Troverai gli aggiornamenti delle informazioni e degli eventi per ogni destinazione.

6 **IL TOP DEI CONSIGLI**
La nostra selezione dei 15 suggerimenti che fanno la differenza

8 **IL MEGLIO DI...**
- Luoghi fantastici a basso costo
- È tipico di Santorini
- Bello anche con la pioggia
- Momenti di relax

12 **INTRODUZIONE**
Benvenuti a Santorini!

18 **TENDENZE**
A Santorini le novità da scoprire sono tante

20 **PAROLE CHIAVE**
Attualità, ambiente, storia

26 **MANGIARE E BERE**
Specialità enogastronomiche

30 **SHOPPING**
Artigianato e prodotti tipici

32 **FIRÁ E DINTORNI**
32 Firá

50 **KAMÁRI E IL CENTRO**
50 Kamári

68 **PERÍSSA E IL SUD**
68 Akrotíri
76 Períssa

82 **OÍA E IL NORD**
82 Oía


**SIMBOLI**

- ! I consigli di chi ci vive
- ★ Le scelte MARCO POLO
- Punto panoramico
- Ecosostenibile
- (*) Numeri di telefono con costi aggiuntivi
- ●●●● Il meglio di...

**PREZZI DEGLI ALBERGHI**

€€€ più di 200 euro
€€ 120-200 euro
€ meno di 120 euro

I prezzi si intendono per una notte in camera doppia in alta stagione, prima colazione esclusa

**PREZZI DEI RISTORANTI**

€€€ più di 28 euro
€€ 17-28 euro
€ meno di 17 euro

I prezzi si intendono per un piatto a base di pesce con patate, insalata greca, acqua e un bicchiere di vino

**92 GITE ED ESCURSIONI**
92 Il tour ideale
96 Da Firá a Oía a piedi
sul bordo del cratere
99 L'altro lato di Santorini:
a piedi guardando l'Egeo
101 Una Santorini diversa:
intorno all'aeroporto in
motorino

**112 LINK, BLOG,
APP E ALTRO**
Prima di partire o già in viaggio

**114 INFORMAZIONI
PRATICHE**
Dalla A alla Z

**120 FRASARIO GRECO**

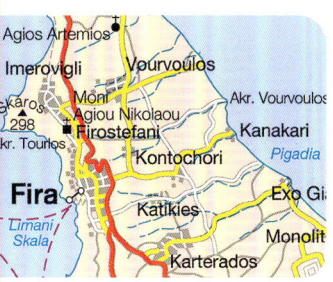

**104 SPORT E BENESSERE**
In ogni stagione dell'anno

**108 IN GIRO CON I BAMBINI**
Per divertirsi con i più piccoli

**110 EVENTI E FESTE**
Il calendario degli
appuntamenti

**124 ATLANTE STRADALE**

**134 INDICE DEI NOMI
E COLOPHON**

**136 DA EVITARE**

**BUONO A SAPERSI**
Profilo storico → p14
Specialità → p28
Gli asini di Santorini → p48
In barca e in autobus → p58
Libri e film → p66
Platone e il mito di
Atlantide→ p78
In un solo minuto → p86
Il tempo a Santorini → p118
Frasario greco → p120

**CARTINE**
(126 A1) Numeri di pagina
e coordinate per l'atlante
stradale
Cartine degli scavi di Thera
antica e Akrotíri alle pp53, 70
(0) Sono fornite di coordinate
anche le località che non
figurano nell'atlante stradale
(🗺 A1) Coordinate
per la carta estraibile

**RISVOLTI DI COPERTINA**
Il top delle scelte
MARCO POLO
Cartine di Firá e Oía

# Il top dei consigli di chi ci vive

## La nostra selezione dei 15 suggerimenti che fanno la differenza

### ! La pazienza paga

Nella *Taverna Náoussa* di Firá i piatti sono così buoni e con un tale rapporto qualità-prezzo che vale la pena di attendere in fila prima di potersi accomodare → **p42**

### ! Un banchetto a buon mercato

La *Taverna Kyrá Níki* tra Firá e Karterádos fa dimenticare la posizione poco allettante sul ciglio della strada principale grazie a decorazioni fantasiose e piatti eccellenti ma economici. Per di più l'insalata viene servita in una ciotola commestibile! → **p42**

### ! Enigmi da indossare

Le t-shirt di *New Art* disegnate da Werner Hampel propongono degli enigmi, ma sono proprio per questo un souvenir veramente originale → **p44**

### ! Collage di oggetti trovati

L'artista tedesca *Leoni Schmiedel* crea collage e assembla oggetti che trova nel paesaggio naturale e nelle case di Santorini → **p44**

### ! Tutti i comfort a costi accessibili

All'*Hotel Golden Star* di Firá si sta vicino al centro ma in posizione tranquilla, con piscina e vista mare → **p46**

### ! Conchiglie in giardino, non nanetti

Il giardino ben disegnato, insieme alla cucina tedesca, è ciò che attrae i clienti allo *Jutta's Café* di Kamári → **p55**

### ! A cena dal principe di Santorini

Quando gli abitanti di Kamári vanno fuori a cena, si ritrovano perlopiù da *Prince*, dove la tipica purea di piselli gialli *fáva* si arricchisce di un tocco raffinato per la presenza di mandorle e il filetto di maiale è cotto con le prugne secche → **p56**

### ! Una famiglia dedicata

Nella tradizionale *Taverna Salíveros* di Kamári lavora l'intera famiglia: tutti pronti a soddisfare il cliente → **p56**

### ! Arte per intenditori

Nell'*Art Space* di Kamári il gallerista António Argyrós espone opere d'arte contemporanea accompagnate da degustazioni gratuite di vino → **p58**

### ! Un villaggio in una valle tranquilla
*Vóthonas (foto a sinistra)* è rimasto il villaggio d'altri tempi che è sempre stato, ma non ci abita quasi più nessuno. Chi arriva fin qui sarà conquistato dalla sua bellezza delicata, per nulla intaccata dal turismo di massa → **p65**

### ! Non per vegetariani
Nella *Taverna Kritikós* nei pressi di Vóthonas l'unità di misura delle carni alla brace è il chilo, proprio come piace ai greci → **p65**

### ! Un giardino divino
La *Taverna God's Garden* si trova lontano dal mare, in un angolo nascosto, ai margini dell'abitato di Períssa. Ai tavoli all'ombra arrivano grandi por-

zioni di classici della tradizione greca, e a prezzi molto convenienti → **p77**

### ! Preservativi di vetro
Nella galleria di artigianato del vetro *The Wave (foto in basso)* di Oía pochi oggetti hanno un uso preciso, ma molti vengono venduti per una buona causa → **p88**

### ! Luna di miele in blu
L'*Hotel Art Maisons* di Oía ha pensato alle coppie di sposini con la suite Endless Blue: vasca idromassaggio in terrazza all'ultimo piano dell'hotel e vista mare spettacolare → **p90**

### ! In kayak nella caldera
Chi partecipa a un tour con il *kayak da mare* attraversa, vogando, la caldera vulcanica. Per i principianti sono possibili uscite meno impegnative → **p105**

# IL MEGLIO DI...

## LUOGHI FANTASTICI A BASSO COSTO
### Nuove scoperte con un occhio al risparmio

**OCCASIONI**

### ● *Piscine per tutti*

Se il vostro albergo non dispone di una piscina, ma desiderate rilassarvi con una bella nuotata, potete approfittare di quella del *camping Santoríni* e in alta stagione anche di quella dell'hotel *Golden Star* a Firá. Per accedervi basta acquistare qualcosa al bar della piscina senza portare con sé altre bevande → **p46, p48**

### ● *Degustare il vino in un'atmosfera paesana*

A differenza della maggior parte delle aziende vinicole dell'isola, la piccola *cantina Gaválas* di Mégalohóri offre ai suoi ospiti degustazioni gratuite, accogliendoli in un ambiente ricco di atmosfera. Naturalmente è possibile anche acquistare il vino prodotto da loro → **p61**

### ● *A tu per tu con gli artisti*

Davanti alle botteghe dei ceramisti e agli atelier dei pittori di *Mégalohóri* i pullman carichi di turisti in crociera non si fermano. E anche se spesso le mostre non hanno nulla da invidiare ai musei, l'ingresso è sempre gratuito *(in foto)* → **p62**

### ● *Le cornamuse greche*

La pretesa degli scozzesi di aver inventato la cornamusa è infondata. A Santorini e nelle altre Cicladi la si suona da sempre, soprattutto durante il Carnevale. Per saperne di più e ascoltarla andate al *castello di Akrotíri* → **p72**

### ● *A Thirasía via mare*

Quasi tutti i giorni feriali di primo mattino una piccola barca traghetta gratuitamente pendolari e villeggianti da Oía a Ríva, sulla vicina *isola di Thirasía*, riportandoli indietro nel pomeriggio → **p91**

### ● *Pasti benedetti*

Nelle sagre in onore del santo patrono si usa distribuire qualcosa da mangiare: vestitevi con decoro e attendete in fila il vostro turno. Presso la chiesa di *Ágios Artémios*, ad esempio, questo pasto frugale si tiene il 20 ottobre verso le 10 → **p111**

# È TIPICO DI SANTORINI

## Lo trovate solo qui

● *Un vassoio al posto del menu*
La *Taverna Símos* di Firostefáni fa parte di quei locali
dove la sera il menu e il bancone d'esposizione
sono inutili: il cameriere si presenta al tavolo
con un vassoio ricolmo di specialità tipiche,
da cui, come è usanza in Grecia, si sceglie
quello che più aggrada → **p42**

● *Case rupestri con vista spettacolare*
Si respira l'atmosfera tipica dell'isola se
si pernotta in una grotta scavata nella parete della caldera. Gli *Scirocco Apartments*
di Firá, dove balconi e terrazze sembrano
sospesi fra il cielo e l'Egeo, sono una buona
opzione → **p47**

● *La città dei morti*
I cimiteri di Santorini, come ad esempio quello di
*Vourvoúlos*, somigliano a piccoli villaggi formati da cappelle.
Negli ossari riposano le spoglie di intere generazioni → **p49**

● *Un borgo nel canyon*
Mentre i centri situati sul bordo della caldera dell'isola vulcanica
sono celebri in tutto il mondo, nelle valli di erosione dell'interno
si nascondono vari paesini sconosciuti con le caratteristiche case
rupestri. *Karterádos* è uno di loro → **p49**

● *Le grotte dei pescatori*
Anche i pescatori a Santorini scavavano grotte nella roccia tenera, in
cui mettevano al riparo barche e attrezzatura. Ad Akrotíri molte di
queste grotte sono diventate *taverne*: la *Taverna Meliha's* ha anche
una galleria d'arte annessa → **p73**

● *Avventura in spiaggia*
Una bella avventura? Esplorare le molte spiaggette dell'isola: il top è
la *White Beach*, raggiungibile soltanto in barca → **p74**

● *Un porto sotto pareti di lava*
Gli abitanti di Santorini sfidano da sempre le forze primordiali
del fuoco e dell'acqua. Dalla stretta banchina del porticciolo di
*Ammoúdi* a Oía ammirerete da vicino l'affascinante commistione
di ceneri, pietre pomici, lava e mare, caratteristica dell'isola *(in
foto)* → **p83**

CLASSICO

# IL MEGLIO DI...

**E SE PIOVE?**

### ● *Un altro mondo*
Nella *cattedrale ortodossa* di Firá abbandonerete totalmente questo mondo, compresi i suoi giorni di pioggia. Le vaste superfici dipinte vi fanno immergere in un universo religioso che solo dopo una lunga osservazione si svela pienamente al profano *(in foto)* → **p37**

### ● *Nozioni di preistoria*
Il *Museo della Preistoria* di Firá è uno dei più moderni e ben allestiti di Santorini. E i dettagliati pannelli informativi, che difficilmente nei giorni di sole degnereste di un'occhiata, valgono la visita → **p38**

### ● *Un caffè nel giardino d'inverno*
Quando piove, il luogo migliore per un caffè è *Mýlos* a Firostefáni. La sua terrazza vetrata si sviluppa tutt'intorno a un mulino a vento, all'interno ci sono i quotidiani a disposizione e il wi-fi è gratuito → **p42**

### ● *A scuola di enologia*
Nel museo del vino della *cantina Lava* tra Kamári e Messariá la storia e le peculiarità della viticoltura isolana sono illustrati all'interno di gallerie scavate nella pietra pomice. Al termine del tour vi attende anche una degustazione → **p67**

### ● *Le forze della natura a Capo Akrotíri*
Il *faro* che domina l'estremità sud ovest dell'isola merita una sosta anche quando piove e tira vento. Gli alberi scossi dalla tempesta, i cavalloni al largo e le nuvole basse danno vita a uno spettacolo naturale ineguagliabile → **p75**

### ● *Facili immersioni*
Se volete fare uno sgarbo alla pioggia, tuffatevi in mare: il *Santorini Dive Center* di Seríssa offre uscite subacquee nella caldera → **p106**

● **Hollywood sotto le stelle**

Al *Cíne Kamári*, alla periferia del centro di villeggiatura, le star hollywoodiane recitano sotto stelle vere; chi ama il cinema apprezza le pellicole *cult* con l'ausilio di tecnologia di ultima generazione → **p57**

● **Cultura in un ambiente paesano**

Sulla terrazza sul tetto dell'*Art Centre Philochória* di Mégalohóri troverete la piacevole atmosfera rilassata dei paesini delle Cicladi. Le bianche tovaglie sui tavoli risaltano davanti ai profili di campanili e palme esotiche, mentre le opere d'arte alle pareti e gli ottimi vini e champagne ispirano la conversazione → **p61**

● **Un giorno nella spiaggia dei VIP**

I greci modaioli e con un bel conto in banca prediligono il *Sea Side by Notos* della Perívolos Beach. Funky jazz, world music e musica etnica scandiscono la giornata dalla colazione a base di champagne fino alla cena improntata alla cucina fusion, dove il menu comprende talvolta risotto al nero di seppia con foglia d'oro → **p81**

● **Wellness in una grotta di pietra pomice**

Nelle bianche sale scavate nella pietra di *Caldera Massages*, a Oía, grazie a trattamenti e bagni vi sembrerà di tornare fra le accoglienti braccia della grande Madre Terra, mentre sulla soleggiata terrazza sarete avvolti dal mare e dal cielo azzurro. Sottofondo di musica classica e d'atmosfera *(in foto)* → **p107**

● **Veleggiare nella caldera**

Le *uscite in barca a vela nella caldera* con yacht a noleggio sono un'esperienza indimenticabile. Stabilito il programma con lo skipper, salite a bordo e troverete i vostri drink preferiti → **p107**

● **Semplice relax**

Il lounge bar della *Theros Beach* è uno dei più bei bar sulla spiaggia dell'isola. E mentre voi sorseggiate in tutto relax un cocktail, potete assistere alle partite di beach volley nella spiaggia sottostante → **p109**

**DIVERTIMENTO**

**INTRODUZIONE**

# BENVENUTI A SANTORINI!

A Santorini (Thíra) le navi non si limitano ad approdare sull'isola, ma ci passano attraverso. Se arrivate da nord, dal Pireo o dalle Cicladi, la vostra imbarcazione punterà innanzitutto verso lo stretto di circa 2 km che separa Santorini dalla vicina isoletta di Thirasía. Tutt'a un tratto sarete circondati da *ripide pareti* alte fino a 360 m, che scintillano in tutte le sfumature possibili e immaginabili del bianco, del grigio, del rosso e del marrone. Si capisce in questo modo che a emergere dal mare non è una rupe, ma una distesa di lava friabile interamente rivestita da uno strato più chiaro di pomice, ceneri e altri sedimenti vulcanici: siete appena entrati nell'enorme *caldera di un vulcano*!

Ma questo particolare cratere non è una terra desolata abbandonata dagli uomini. Al contrario, sulla riva lungo il bordo della caldera si estende per molti chilometri una striscia di case e bianche chiesette dalle cupole azzurre, che di notte splendono simili alla scia di una cometa nel cielo stellato. Sono i due *paesi sull'orlo del cratere*, Oía e Firá, con i vicini paesi di Firostefáni e Imerovígli. A tribordo, ovvero alla vostra destra, le poche case di Manolás sull'isola di Thirasía sembrano l'immagine riflessa di questi borghi. La temerarietà degli abitanti di Oía e Firá è sorprendente: non solo

L'arrivo a Santorini: in alto sul bordo del cratere spiccano le bianche case di Firá

hanno costruito gli edifici sul bordo della caldera, ma hanno persino incassato nelle pareti del cratere **case rupestri** e abitazioni che, con lo sviluppo del turismo, sono diventate alberghi, alcuni persino con piccole piscine.

## Nell'isola vulcano case e alberghi sono incassati nel cratere

Il traghetto passa prima davanti a Oía e poi transita di fronte a due brulle isolette di lava situate al centro della caldera: Néa e Paléa Kaméni. Dopo essersi infilata tra Néa Kaméni e Firá, la nave approda in **uno dei porti più singolari** del mondo. La sua stretta banchina è incastrata proprio sotto le pareti del cratere, alte fino a 300 m, e le automobili, gli autobus e i camion salgono verso il paese percorrendo una

**3200 a.C.**
Primi insediamenti

**2000 a.C.**
A Creta fiorisce la civiltà minoica, a Santorini Akrotíri diviene un'importante città commerciale

**1700 a.C.**
Devastanti terremoti distruggono parte di Akrotíri, poi l'isola conosce il suo periodo di massima fioritura artistica ed economica

**1600 a.C.**
Un'eruzione devastante annienta ogni forma di vita sull'isola, conferendole il suo aspetto attuale

**1200 a.C.**
I Fenici ripopolano Santorini

strada tutta tornanti. Appena raggiunto il bordo della caldera scoprirete l'altro volto di Santorini, fatto di pendii ricoperti da rigogliosi vigneti che digradano più o meno dolcemente verso le località balneari della costa orientale.

Su questo lato più dolce dell'isola, non lontano dal mare si trova anche l'aeroporto di Santorini. Chi arriva in aereo, durante l'atterraggio può ammirare dall'alto la sagoma inconfondibile dell'isola. Il *piccolo arcipelago* assomiglia a un cerchio spezzato dalle forze della natura. Infatti, a emergere dalle acque sono solo alcune parti della sua circonferenza: le isole di Santorini e Thirasía e, a sud ovest, l'isolotto disabitato di Aspronísi. Considerando che quasi tutti i voli giungono da sud, poco prima dell'atterraggio, alla vostra sinistra, si può notare un altro dei simboli di Santorini: il *monte Profítis Ilías* (567 m) che dalla pianura costiera si eleva imponente: molto più antico rispetto al resto dell'isola, è costituito da marmo e calcare anziché da rocce vulcaniche.

Questo monte di molti milioni di anni, ancora un milione e mezzo di anni fa sorgeva solitario in mezzo all'Egeo. Poi sul fondo del mare iniziarono le attività vulcaniche che nel corso dei millenni, di eruzione in eruzione, formarono un'isola dalla forma quasi circolare. Al suo centro si ergeva un *cono vulcanico* alto circa 1700 m, la cui sagoma doveva assomigliare a quella attuale del Vesuvio. In seguito, un'eruzione fece saltare in aria il cono e tra Capo Akrotíri, dove oggi si erge *il faro*, e Aspronísi l'isola si spezzò. Di conseguenza il mare riempì la *caldera* appena formatasi e Santorini assunse pressappoco il suo aspetto odierno, anche se a nord, tra Oía e Thirasía, il suo perimetro non era ancora interrotto. Solo intorno al 1600 a.C.

**900 a.C.**
I Dori si stabiliscono sull'isola e vi fondano una città, i cui resti possono essere ammirati nel sito archeologico di Thera antica

**146 a.C.**
La Grecia diventa provincia romana

**1204**
Dopo la conquista di Costantinopoli da parte dei Crociati, Santorini passa al Ducato di Nasso veneziano

**1537**
Santorini è conquistata dagli Ottomani

**1832**
Santorini entra a far parte del neonato Stato greco

un'altra violenta *eruzione* spezzò anche questa parte dell'anello esterno, conferendo all'arcipelago la sua forma odierna. Il vulcano ricoprì così l'isola di ceneri e pietre pomici, che ancora oggi formano uno strato di rivestimento spesso fino a 60 m. Quest'ultima eruzione vulcanica seppellì sotto lava e ceneri anche quella che fu forse la prima città d'Europa. Alcuni ricercatori ritengono persino che si trattasse della leggendaria Atlantide. Dal 1967 gli archeologi conducono scavi nel sito nei pressi di Akrotíri, nella zona sudoccidentale dell'isola, riportando alla luce resti ben conservati dell'antica città.

Una vacanza a Santorini si rivela un'esperienza molto varia, nonostante la superficie dell'isola misuri appena 70 km$^2$. Per andare da Oía, nel nord dell'isola, al faro di Capo Akrotíri basta costeggiare il litorale per soli 27 km, mentre il capoluogo Firá dista da Kamári e Períssa (le due principali *località balneari*) non più di 10-15 km. A Santorini vivono stabilmente solo 15.550 persone, ma gli alberghi, le pensioni e i residence offrono quasi altrettanti posti letto. Sono da calcolare inoltre le centinaia di migliaia di *croceristi* che ogni anno fanno scalo qui: le lussuose navi da crociera ormeggiano nella rada di Firá, poiché il cratere è troppo profondo per potervi gettare l'ancora. I visitatori arrivano solo nei mesi estivi e a luglio e agosto l'isola è presa d'assalto da frotte di greci, italiani e francesi. A eccezione di Firá, nei mesi

> **Sull'isola c'è il tutto esaurito soltanto in estate**

di maggio, giugno, settembre e ottobre Santorini è decisamente più tranquilla, e sulle spiagge vi è spazio libero. Tra metà ottobre e Pasqua, invece, l'isola non ha molto da offrire. In inverno, quasi tutti gli alberghi, i caffè e i ristoranti delle località balneari sono chiusi, e anche Firá e Oía sono più desolate che interessanti. Santorini è paragonabile a un palloncino: in estate pieno d'aria quasi fino a scoppiare, il resto dell'anno pressoché sgonfio.

Quasi tutte le spiagge di Santorini si affacciano sul mare aperto, sulla costa orientale e sudorientale. I tre *lidi principali* sono costituiti da chilometriche strisce di sabbia dai granelli grossi e ghiaia vulcanica grigio-nera. Buona parte della Baxédes Beach a nord non è stata ancora urbanizzata, mentre tra Monólithos e Kamári e tra Períssa e Vliháda il litorale è costeggiato da un'infinità di alberghi, pensioni e *taverne*, tra i quali fa capolino qualche spiazzo di spiaggia libera. Qui e là, comunque, ci sono

**1956**
Un terremoto devasta molti paesi dell'isola

**1967-74**
Dittatura dei colonnelli in Grecia

**2004**
Atene ospita le Olimpiadi estive

**2011-2016**
Grazie a ingenti prestiti della UE e del Fondo Monetario e a una severa politica di riduzione del debito pubblico la Grecia evita la bancarotta. Mentre le tasse aumentano drasticamente, le pensioni, i salari e i servizi sociali subiscono forti tagli, e molti dipendenti pubblici vengono licenziati

Kamári Beach è una delle poche spiagge non sovraffollata: e non solo quando il tempo è brutto!

ancora tratti in cui non c'è nessuno che affitta ombrelloni e sedie a sdraio. La costa sud ha invece spiagge di tutt'altro genere. Bisogna seguire stradine cieche e piste fino al mare e al massimo si troverà una solitaria taverna sulla spiaggia. Le spiagge di questa zona sono formate soprattutto da ghiaia, ciottoli e pietra pomice di origine vulcanica: entrare in acqua risulta perciò piuttosto difficoltoso. Il loro fascino particolare viene dalla *quinta naturale* che fa loro da sfondo: ripide pareti di cenere pietrificata dai mille colori.

È stato il turismo a portare il benessere a Santorini e ai suoi abitanti. Poter fare l'esperienza di dormire in appartamenti scavati nella roccia ma arredati con tutti i comfort o in alberghi di lusso che si affacciano sulla caldera, o magari ricavati dalle stesse pareti del cratere con una

> **È stato il turismo a portare il benessere a Santorini**

*vista spettacolare* su questa sorta di mare interno, è talmente unica, che ha fatto schizzare in alto i prezzi. Chi se lo può permettere, nelle località sul bordo del catere potrà scegliere tra un gran numero di suite e appartamenti per le vacanze che arrivano a toccare i €1000 a notte.

A Santorini l'agricoltura è praticata ormai soltanto da pochi coltivatori, ma continua a crescere la superficie destinata a vigneto e sono sempre più numerose le aziende vinicole. I *vini di Santorini* sono speciali. Le viti crescono rigogliose, intrecciando i rami nodosi a mo' di cesta, molto basse sul terreno lavico, che trattiene l'umidità notturna e riflette i raggi del sole. I diversi risultati a cui dà luogo questa favorevole combinazione di fattori sono a vostra disposizione da testare nelle cantine dell'isola: solo uno dei modi possibili per scoprire l'unicità di Santorini.

# TENDENZE

## 1 Nell'infinito

**Hotel con piscina** Se nuotate in un'infinity pool di un hotel che si affaccia sul cratere, vi sembrerà di toccare il cielo con un dito: nulla sembra distinguerlo dalla vastità dell'Egeo. Sono sempre più numerosi gli hotel con queste vasche sulla caldera: le *Cosmopolitan Suites* (www.cosmopolitan-santorini.com) a Firá, il *San Antonio* (www.sanantonio-santorini.com) a Imerovígli, il *Mystique Resort* (www.mystique.gr) e le *Ikies Traditional Houses* (www.ikies.com) a Oía *(in foto)* o le *Astarte Suites* (www.astartesuites.gr) nei pressi di Akrotíri.

## 2 Birre locali

**Bere con piacere** I greci che amano la birra non vogliono più prodotti industriali, bensì l'ampia varietà offerta dai birrifici artigianali. Il precursore della nuova tendenza è stato il piccolo birrificio *Craft* (www.craft.gr), che rifornisce una clientela selezionata di sola birra alla spina. La prima 🌀 biobirra *(www.brinks-beer.gr)* del paese viene da Creta. Anche Santorini ha birre di produzione locale: sono *Yellow*, *Red* e *Crazy Donkey* (www.santorinibrewingcompany.gr | in foto) e *Volkan* (www.volkanbeer.com). Le trovate tutte sull'isola.

## 3 Benessere alla greca

**Nella spa** Anche nei templi del benessere si preferiscono prodotti locali: lo yogurt rinfresca la pelle arrossata dal sole, il miele la rende morbida, il sale marino la fa apparire luminosa e le alghe aiutano ad avere una figura da bikini. E se la mistura speciale di olii essenziali beneficiasse della vista mare? Ai *Caldera Massages (caldera-massages.com | in foto)* di Oía, dove i trattamenti si ricevono sulla terrazza affacciata sul mare, potrete verificare se è vero. Anche la spa sotto bianchi soffitti a volta dell'Hotel *Notos Therme & Spa (www.notosthermespa.com)* a Vliháda offre un benessere "alla greca", con ampio uso di olio d'oliva ed erbe aromatiche. Un altro buon indirizzo è la *Santorini Princess Spa (www.santoriniprincess.com)* di Imerovígli.

# Dimmi di sì

**4**

*Giorno di nozze*  Rito buddhista o cerimonia cattolica, hindu o civile: sempre più spesso si sceglie Santorini per matrimoni da favola. Agenzie specializzate si occupano non solo di trovare il prete o il funzionario comunale ma anche di organizzare il servizio fotografico e di procurare un veicolo di lusso, i bouquet di fiori e lo champagne. Si può scegliere di pronunciare il fatidico "sì" su un panfilo a vela o sul cratere di un vulcano attivo a Néa Kaméni, in spiaggia, a bordo piscina e perfino sulla cima del Profítis Ilías. *www.yoursantoriniwedding.com, www.santoriniweddings.com, weddings.heliotopos.net*

# Creatività

**5**

*Corsi di fotografia e cucina*  Santorini è troppo bella per non essere immortalata in immagini memorabili. *Shotztour (www.shotztour.com | in foto)* propone "safari fotografici" per raggiungere luoghi che meritano. *Glenn Steiner (www.greekislandphotography.com)* offre invece un interessante (ma costoso) seminario fotografico di una settimana con puntate nelle vicine isole di Íos e Anáfi. Chi invece preferisce portare a casa ricette piuttosto che fotografie può prender parte a un corso di cucina come quello offerto dal ristorante *Selene (www.selene.gr)* di Pýrgos, con tre incontri settimanali. Se preferite lezioni individuali chiedete al ristorante *Spíti* di Mégalohóri.

# PAROLE CHIAVE

## A GÍA, ÁGII, ÁGIOS

In Grecia vi imbatterete di continuo in queste tre parole, che sono parte integrante di molti toponimi e nomi di chiese, ma anche di traghetti, pescherecci e imbarcazioni da diporto. *Agía* sta per "Santa", *Ágios* per "Santo", *Ágii* per "Santi". Alla Vergine Maria è riservato invece l'epiteto *Panagía* ("Santissima").

## A RCHITETTURA

Gli abitanti di Santorini non costruiscono le loro case solo sulla terra, ma le scavano anche nella roccia: fino al terremoto del 1956 le case rupestri erano il tipo di abitazione più diffuso. La pietra pomice che compone le pareti del cratere e i pendii delle valli di erosione, infatti, può essere scavata facilmente per creare al suo interno spazi in cui abitare al riparo dal vento e dalle intemperie, al sicuro dai terremoti e soprattutto a costi contenuti. Inoltre, grazie alle sue eccezionali caratteristiche isolanti, la pietra pomice protegge sia dalla canicola estiva che dal freddo invernale.

Accanto a queste abitazioni più primitive, sin dal Medioevo i più abbienti si facevano costruire solide case in pietra e legno di importazione. In un primo tempo, questi edifici sorgevano perlopiù sulla sommità delle alture e con le loro pareti esterne quasi prive di finestre formavano una sorta di cinta muraria cittadina, come è possibile vedere ancora oggi a Emborió e a Pýrgos. Una volta debellato il pericolo rappresentato dai pirati nel corso del XVIII secolo, e dopo che Santo-

## Bisanzio, la pozzolana e il lavoro stagionale: sono queste le voci fondamentali per comprendere l'antica e la nuova Santorini

rini entrò a far parte del neonato Stato greco nel 1834, aumentò sempre di più il numero di quanti decidevano di trasferire la propria abitazione sul bordo del cratere. Al di sopra delle vecchie case rupestri furono erette residenze imponenti di più piani in stile neoclassico. A Oía potrete ammirarne diversi esempi.

Il terremoto del 1956, però, distrusse buona parte delle ville e delle case di Santorini. I villaggi furono in seguito ricostruiti con molto cemento e poca fantasia. Ciononostante, i paesi edificati dalla se-

conda metà del Novecento si inseriscono armoniosamente nel paesaggio insulare grazie ai muri quasi senza eccezione intonacati di bianco e ai tetti piatti tipici delle Cicladi, solo in alcuni casi sostituiti da volte a botte.

## B ANDIERE

Oltre a quella nazionale bianca e azzurra, davanti alle chiese di Santorini è issato spesso anche lo stendardo ufficiale della Chiesa greca-ortodossa. Su sfondo giallo si staglia un'aquila bicipite nera: di origine bizantina, ricorda il passato impero con sede a Costantinopoli. Davanti agli edifici amministrativi non è ammessa: al suo posto (e nonostante la crisi debitoria) vedrete garrire al vento la bandiera europea con le sue dodici stelle dorate.

# BIANCO E AZZURRO

Difficile stabilire perché buona parte delle case e delle chiesette di Santorini e delle altre isole greche siano dipinte di bianco e d'azzurro. Gli spiriti romantici sostengono che questi due colori corrispondono a quelli del cielo e delle nuvole, dell'acqua e della schiuma delle onde, insomma degli elementi naturali che caratterizzano il paesaggio ellenico. Altri ritengono invece che il bianco e l'azzurro rimandino alla bandiera nazionale greca: nel XIX secolo gli abitanti delle Cicladi intonacarono le proprie case con questi colori per affermare con fierezza la loro appartenenza alla Grecia indipendente, mentre all'epoca altre isole dell'Egeo erano ancora sotto il dominio dell'Impero Ottomano. La Grecia ha dovuto attendere il 1947 perché Rodi e le isole del Dodecaneso si riunissero alla madre patria.

# BISANZIO

L'epoca bizantina ebbe inizio con l'imperatore Giustiniano, che regnò dal 527 al 565, e terminò con la conquista di Costantinopoli da parte degli Ottomani nel 1453. Costantinopoli (l'attuale İstanbul e l'antica Bisanzio) era la capitale di un impero che nel periodo del suo massimo splendore si estendeva fino allo Stretto di Gibilterra e comprendeva anche parte dell'Italia, il Vicino Oriente e buona parte dell'Africa settentrionale.

# CANTINE

I vini di Santorini non solo nascono da uve che crescono sul terreno lavico, ma vengono anche prodotti e invecchiati in grotte di roccia vulcanica. Le cantine sono infatti scavate nella pietra pomice: chilometri di caverne e corridoi in cui la temperatura si mantiene sempre costante. Alcune hanno il loro ingresso direttamente nella parete del cratere, altre nelle valli d'erosione nell'entroterra. Si possono visitare molte di queste cantine che offrono degustazioni e informazioni interessanti sulla storia della viticoltura isolana.

# CRISI

A Santorini si vedono poche tracce della grave crisi economica e finanziaria che attanaglia la Grecia dal 2011. Ovviamente anche qui l'Iva è stata aumentata più volte, le pensioni e gli stipendi dei dipendenti pubblici hanno subìto tagli notevoli, e per molti isolani la prospettiva di accertamenti fiscali più severi rappresenta una preoccupazione costante. Il prezzo della benzina alle stelle e il generale aumento del costo della vita grava un po' su tutti, eppure l'economia di Santorini continua a navigare in acque tranquille. Si basa infatti esclusivamente su un turismo di alto profilo: il pubblico che Santorini può attrarre, in patria e all'estero, è quello meno colpito dalle drastiche misure di austerità e dall'aumentato carico fiscale. Qui, come nel resto della Grecia, gli albergatori hanno esercitato una singolare autodisciplina dei prezzi – anche se a Santorini sono di fascia alta. Dal 2016, però, la spirale dei prezzi ha cambiato di nuovo corso: pagare una camera per una notte più di €500 non è una rarità. Ciononostante, la richiesta continua a essere alta. Se non altro, questo significa che, almeno in estate, sull'isola c'è lavoro per tutti.

# CROCIERISTI

Quando quattro o cinque navi da crociera sono alla fonda nella caldera, nei vicoli di Firá quasi non si riesce a passare. Gli asini e i loro accompagnatori lavorano senza tregua e alle stazioni della funivia si formano lunghe code. Per questo motivo nel 2016 a Santorini è entrata in vigore una norma che limita a 8000 al giorno il numero di crocieristi che possono scendere sull'isola. Resta da vedere se la ragione avrà la meglio sull'avidità.

vigore il programma per il compostaggio domestico "Home-Composting" a cui hanno aderito più di 200 famiglie e molte scuole.
Dal 2010 i rifiuti speciali sono raccolti a parte, ma per smaltirli bisogna trasportarli via mare sulla terraferma usando dei container. Nel 2015 Santorini ha vinto un premio nazionale per il suo pro-

Per salire dal porto a Firá bisogna avere fiato e gambe, o un mezzo di trasporto animale

## ECOLOGIA

In Grecia la coscienza ecologica è ancora poco diffusa e le organizzazioni ambientaliste hanno un duro compito da portare avanti. A livello nazionale, il partito dei Verdi ha un unico rappresentante in Parlamento.
Essendo un'isola, Santorini soffre di problemi ecologici ancora più gravi. L'immondizia è raccolta ogni notte da sei camion della nettezza urbana e portata in una vecchia miniera adibita a discarica per essere poi ricoperta di terra e macerie. Un moderno impianto di compostaggio dovrebbe entrare in funzione al più tardi nel 2018, mentre già dal 2012 è in

gramma di riciclaggio, unica tra le isole greche. Manca comunque un impianto di rottamazione delle auto e spesso le auto in disuso vengono abbandonate ai bordi delle strade.
L'acqua potabile proviene da 40 fori di trivellazione profondi fino a 80 m e da due impianti di dissalazione, a Oía e Firá. Dopo essere state filtrate in cinque appositi impianti di depurazione, le acque reflue vengono rilasciate tramite tubi a 500-700 m dalla riva.
I 120.000 megawatt di corrente consumati ogni anno sull'isola sono generati da una centrale elettrica costruita nel 1973 nei pressi di Monólithos. L'impian-

23

to funziona a masut, un olio combustibile economico ma molto inquinante, un residuo della distillazione del petrolio. Alcune navi cisterna lo trasportano sull'isola due o tre volte al mese. Gli unici impianti fotovoltaici sono quelli di Messariá e Vourvoúlos, ognuno dei quali con una potenza di 100 kW. Oltre a ciò, in alcune case private sono installati pannelli solari che immettono l'energia in eccesso nella rete elettrica pubblica. Le turbine eoliche sono del tutto assenti perché rovinerebbero il paesaggio.

## ICONE

Nella chiesa ortodossa le rappresentazioni dei santi e degli eventi biblici su tavole di legno sono chiamate icone. Il loro tratto distintivo è che riportano sempre una scritta, in genere il nome dei santi o dell'evento biblico raffigurato. Le icone rappresentano qualcosa di diverso rispetto alle immagini votive che decorano le chiese cattoliche. Le icone sono le "porte del cielo" attraverso cui i santi – "messaggeri di Dio sulla terra" – diventano una reale presenza nella vita delle persone. I loro occhi, rivolti quasi sempre verso l'osservatore, creano un ponte attraverso cui l'anima del fedele entra in contatto con il soggetto rappresentato. Ecco perché sono molto venerate, adornate con metalli preziosi, vengono baciate e portate in processione attorno alle chiese.

## POZZOLANA

Per secoli gli strati di pietra pomice chiara che rivestono Santorini hanno rappresentato la risorsa economica principale dell'isola. I blocchi estratti venivano trasportati mediante alcuni scivoli dalle pareti della caldera ai mercantili ormeggiati a riva e venivano poi lavorati per essere trasformati in una polvere detta pozzolana. Mescolandola con calce e acqua (in una proporzione di 8:1) si ottiene un tipo di cemento particolare che si indurisce sott'acqua e che pertanto non può essere eroso neppure da quella salata. Per questo motivo è stato utilizzato per la costruzione di tutti i porti del Mediterraneo orientale, e persino per realizzare i 163 km del Canale di Suez tra il 1859 e il 1869. L'estrazione di pietra pomice a Santorini si è conclusa definitivamente nel 1990.

## RELIGIONE

Eccetto l'esigua minoranza cattolica, quasi tutti gli abitanti dell'isola, come gran parte dei greci, si riconoscono nel cristianesimo greco-ortodosso. Prima di prendere gli ordini i sacerdoti e i diaconi possono anche sposarsi. Sono inoltre stipendiati dallo Stato. Una delle caratteristiche principali della liturgia ortodossa è il canto antifonale, eseguito dal sacerdote e da un diacono durante le funzioni religiose.

## SCIOPERI

Nei primi anni della crisi economica, in Grecia gli scioperi erano all'ordine del giorno; oggi non più. I controllori di volo sono stati tacitamente accontentati, i taxisti non si possono permettere di scioperare. L'unico settore in cui a volte ci sono astensioni dal lavoro per protesta sono i trasporti marittimi: per evitare problemi sarebbe meglio non aspettare fino all'ultimo per prenotare il traghetto.

## VALLI DI EROSIONE

Il versante orientale di Santorini, che si estende dalle pareti del cratere fino al mare, è quasi interamente segnato da valli profonde e spesso scoscese, contornate da ripide pareti di pietra pomice. Sono nate nel corso degli ultimi tre millenni e mezzo a causa dell'erosione dovuta all'acqua. Le piogge invernali talvolta torrenziali si incanalano verso valle nei solchi già scavati, rendendoli sempre più profondi. Nei secoli passati gli isolani hanno saputo approfittare in maniera molto astuta della particolare conformazione del paesaggio: scavando le proprie abitazioni nelle pareti di pietra pomice si assicuravano che i pirati non potessero scorgerle dal mare, e conservavano i pochi appezzamenti di terreno fertile per le coltivazioni. Il più bello tra i borghi che sorgono nelle valli d'erosione è senz'altro Vóthonas.

## VENTI

In estate gli abitanti di Santorini non guardano mai fuori dalla finestra chiedendosi che tempo farà. Le previsioni sono fin troppo scontate: sole e caldo. L'unica variante è costituita dai venti che soffiano in permanenza ma con intensità variabile. La lingua greca dispone di una parola diversa per ogni tipo di vento, a seconda della stagione e della direzione da cui proviene.

Nei mesi estivi prevale il *meltémi*, che spira da nord. Di mattina è piuttosto debole, ma verso mezzogiorno comincia a farsi più impetuoso e, dopo essersi placato nel tardo pomeriggio, torna a imperversare in serata. A volte nel giro di pochi minuti la bonaccia si alterna a raffiche violentissime che sospingono le barche verso la riva e ricoprono di polvere di pomice i campi. A temere il *meltémi* non sono soltanto i pescatori, ma anche i gestori degli stabilimenti balneari: questo vento può acquisire tanta forza da scaraventare in aria ombrelloni, sedie e tavolini.

Per i turisti rappresenta invece una piacevole sorpresa, poiché ha l'effetto di mitigare la canicola estiva e di rendere

I colori dell'isola: bianco e azzurro come il cielo e le nuvole

l'aria così limpida che il sole bacia l'isola con la tipica luce dell'Egeo: a chi osserva il mare sembra di toccar con mano le altre isole dell'arcipelago.

# MANGIARE E BERE

**Santorini è un'isola decisamente cosmopolita. Anche per quanto riguarda il cibo è in grado di soddisfare tutti i gusti, sebbene vi siano più ristoranti italiani di qualità che taverne fedeli alla tradizione culinaria locale.**

Ciò non dipende tanto dalla presenza di moltissimi turisti stranieri, quanto dalla grande frequentazione dell'isola da parte dei greci, che ne hanno abbastanza dei menu greci che possono assaggiare anche a casa loro e approfittano delle vacanze a Santorini per assaggiare qualcosa di diverso, dalla cucina cinese a quella messicana e finanche tedesca.

Santorini è anche un'isola che sa venir incontro a richieste di ogni fascia di prezzo. Qui trovate esotiche bistecche di coccodrillo da €50, ma anche *gýros-pítta* (ovvero carne macinata avvolta in pane pita) da €2,80. Nelle località balneari i ristoratori propongono menu turistici a prezzo fisso molto semplici ma completi (a €13 a persona in media). Nei ristoranti sul bordo del cratere spenderete facilmente il quadruplo o anche di più ordinando *à la carte*. Una cosa li accomuna, però: a Santorini la maggior parte dei piatti è a base di *pesce e crostacei*. Come è facile immaginare, i pochi pescatori dell'isola nei mesi di grande afflusso turistico non riescono a soddisfare le richieste, per cui gran parte del pesce proviene dagli allevamenti o, nel migliore dei casi, da altre isole. Ci sono però anche delle *taverne* di pescatori dove il proprietario

può ancora mostrarvi la barca appena usata per andare a pesca nell'Egeo. I contadini dell'isola, d'altro canto, provvedono a fornire alle ricette della tradizione in primo luogo i piselli gialli con cui si fa la purea detta *fáva*, e poi i pomodori secchi, i capperi, l'alloro e la salvia. A novembre alcuni contadini raccolgono ancora lo zafferano selvatico. Come in Italia, nelle trattorie e nei ristoranti greci si paga sempre il coperto che, di norma, oltre al servizio e ai condimenti, comprende anche il pane.

A seconda dei locali il suo importo può oscillare tra €0,30 e €5 a persona. I ristoranti internazionali di Santorini sono simili a quelli del resto del mondo e rispettano orari prestabiliti. Spesso sono aperti solo di sera a partire dalle 19 o dalle 20, a volte anche a pranzo dalle 13 alle 16. Un'*autentica taverna greca* invece serve pasti caldi dalla prima colazione a partire dalle 9 fino a notte inoltrata. Anche se tutti i locali hanno un menu – perlopiù in diverse lingue – i piatti realmente disponibili

# SPECIALITÀ

**briám** – sorta di ratatouille con diversi tipi di verdure, tra cui quasi sempre zucchine e melanzane

**dolmádes** – foglie di vite fresche ripiene di riso e verdure con l'aggiunta talvolta di un po' di carne macinata, servite fredde come antipasto oppure calde con una salsa di uova e limone come portata principale

**fáva** – purea di piselli gialli, condita con succo di limone e olio d'oliva e mescolata con cipolle

**hloró** – formaggio fresco caprino o vaccino

**horiátiki saláta** – tipica insalata greca con pomodori, cetrioli, cipolle, olive, a volte capperi, e una fetta di *féta* (formaggio di capra) *(foto a sinistra)*

**htapódi ksidáto** – insalata di pollo marinato in olio e aceto

**jouvétsi** – pasta al forno con spezzatino di manzo (più raramente di agnello)

**marídes** – acciughe croccanti da mangiare intere

**moussaká** – sformato di melanzane o zucchine, patate e carne macinata, ricoperto di besciamella

**patsária** – barbabietole rosse servite fredde in insalata, oppure tiepide insieme alle foglie della pianta come contorno

**revithókeftédes** – polpette o frittelle di purea di ceci

**spanakópitta** – fagottino di pasta fillo ripieno di spinaci

**stifádo** – spezzatino di manzo o di coniglio con cipolle in salsa di pomodoro e cannella

**táramosaláta** – purea rossastra di uova di pesce e patate o pane ammollato *(foto a destra)*

**tirópitta** – fagottino di pasta fillo ripieno di formaggio

**tomátokeftédes** – polpette o frittelle con purea di pomodori e cipolle. Quasi sempre si prepara anche con zucchine, farina e menta. La specialità di Santorini per eccellenza!

---

sono solo quelli accanto ai quali è riportato il prezzo. I piatti aggiuntivi o le specialità del giorno sono spesso scritti a matita, in genere soltanto in greco, oppure sono elencati direttamente dal cameriere.

I greci non sono soliti ordinare più portate, ma, come da tradizione, una certa quantità di antipasti e insalate da condividere con tutti i commensali. Ognuno si serve da sé prendendo quanto desidera da ogni piatto. Anche con i piatti principali si comportano spesso allo stesso modo. Nelle *taverne* più semplici è difficile che ci sia qualche dessert sul menu, mentre i ristoranti più raffinati riservano ai dolci la dovuta importanza. Per di più, le pasticcerie, dette *zacharoplastio*, viziano i propri clienti con dolci di ogni sorta, dalle coloratissime torte alla panna a pasticcini di origine medio-orientale.

Basta metter piede sull'isola per rendersi conto di come la viticoltura la faccia da padrone tra le attività agricole. Assaggiare tutti i vini di Santorini nel giro di una sola vacanza è praticamente impossibile, malgrado siano numerose le cantine che propongono degustazioni, quasi sempre a pagamento.

Al di là delle sottili differenze che contraddistinguono le decine di vini isolani, è importante conoscere almeno i tre tipi di vino principali. Il *niktéri,* un vino bianco secco che fa circa 12-13 gradi, è ottimo se lasciato invecchiare nelle botti per sei o sette anni prima di essere imbottigliato. Ancora più alcolico è il vino rosso secco *broúsko* che fa circa 15-18 gradi. Il *visánto* è invece un vino da aperitivo: può essere bianco, rosso o rosé ed è prodotto da uve che, dopo la raccolta, vengono lasciate appassire al sole per una o due settimane. È molto dolce, ma ha solo da 8 a 10 gradi di contenuto alcolico.

Dalle vinacce alcune aziende agricole distillano una sorta di grappa, detta *tsípouro*. Poiché non è facile da trovare ed è anche piuttosto costosa, il suo corrispondente cretese, il *rakí*, rappresenta un'alternativa molto più popolare. L'*oúzo* invece non viene distillato a Santorini, ma è ugualmente molto diffuso e spesso è bevuto come sostituto del vino durante i pasti.

La maggior parte dei greci beve alcol con moderazione, ma ogni ora del giorno è buona per un caffè. Ordinarlo in modo corretto è di per sé una scienza.

Innanzitutto potete scegliere fra il tipico caffè greco, *kafé ellinikó* (molto simile al caffè turco), il caffè istantaneo bollente (chiamato in genere *ness sestó*), e il *frappé* (caffè istantaneo freddo e schiumoso, shakerato con il ghiaccio). Ogni volta che ordinate un caffè greco dovete specificare anche la quantità di zucchero desiderata perché l'acqua viene portata a ebollizione insieme al caffè e allo zucchero: *skétto* vuol dire senza zucchero, *métrio* con un po' di zucchero e *glikó* con molto zucchero. Di regola il caffè greco viene preso senza latte. Se desiderate un caffè istantaneo macchiato, aggiungete *me gála*.

Mangiare all'aperto su una terrazza è parte integrante di una vacanza a Santorini

# SHOPPING

Santorini è il paradiso dello shopping per tutti gli appassionati di arte e artigianato. Molti prodotti vengono realizzati sull'isola, altri da abili artigiani sparsi nel resto del paese.

Per fare acquisti non è necessario spostarsi più di tanto: a Oía e Firá i negozi migliori si susseguono uno dopo l'altro come perle in una collana. Dai quadri alle sculture, dai gioielli agli accessori per la casa, la scelta è quasi sterminata. I vini dell'isola e le specialità gastronomiche riempiono i pochi spazi rimasti del paniere.

## ABBIGLIAMENTO

Su quest'isola gli outlet dei grandi stilisti sono abbastanza rari. Tra i souvenir tipici di Santorini, a Firá spiccano le t-shirt e le felpe dell'artista tedesco Werner Hampel.

## CERAMICA

Alla periferia di Mégalohóri, lungo le strade che da Firá conducono ad Akrotíri e a Períssa, si susseguono diverse botteghe di ceramisti in cui potete trovare manufatti di arte contemporanea e oggetti di uso quotidiano realizzati a mano.

## DIPINTI

I pittori dell'isola prediligono i motivi che caratterizzano il paesaggio locale. Le tecniche utilizzate variano dalla pittura ad acquerello al collage. A Santorini vivono anche tre pittori di icone. Gli atelier degli artisti, dove si acquistano anche le loro opere, si concentrano nella via principale di Oía che costeggia il bordo del cratere. Nel *Museo Ghízi* a Firá sono in vendita anche alcune icone, mentre nel suo atelier a Firostefáni Leoni Schmiedel espone bellissimi collage.

## GASTRONOMIA

Prodotti tipici dell'isola sono i piselli gialli utilizzati per preparare la purea detta *fáva*, i pomodori secchi, i pistacchi e i capperi. I migliori acquisti si fanno direttamente dai produttori lungo una delle strade che corrono da Akrotíri fino al faro. Capita di trovare anche foglie di alloro essiccate, salvia, olive e zafferano selvatico.

## GIOIELLI

Soprattutto a Firá, visto l'elevato numero di crocieristi che sbarcano ogni giorno, sono sorte molte gioiellerie. La scelta è

## Nessun'altra località greca offre tante opere d'arte e prodotti artigianali di alta qualità come Santorini

sconfinata e i prezzi salati. Se trascorrete le vacanze sull'isola, evitate di acquistare alla prima visita: nel momento in cui il gioielliere capirà che non siete solo di passaggio, potrebbe abbassare un po' i prezzi.

### MUSICA

I negozi di musica di Firá vendono cd di ogni genere, dalla musica tradizionale dell'isola al *syrtáki* fino ai brani pop e rock in vetta alle classifiche greche. Visti i prezzi, qui non conviene acquistare cd di musica straniera. Evitate di comprare cd non ufficiali: è vero che costano poco, ma a volte sono vuoti.

### PIETRE VULCANICHE

Anziché acquistare pietre laviche e pomici nei negozi, potete raccoglierle voi stessi. Tra le più belle sabbie vulcaniche ci sono quelle di Kamári e Períssa, della White Beach e della Red Beach.

### SCULTURE

Sulla via principale di Oía che corre sul bordo del cratere e vicino alla cattedrale di Firá alcuni artisti greci espongono spesso sculture eseguite con diversi materiali: vetro, marmo e metalli preziosi. Le opere hanno spesso grande valore artistico. A Oía vi sono vari negozi che vendono riproduzioni non ufficiali di sculture e ceramiche antiche custodite nei musei greci. Pagando un sovrapprezzo è anche possibile far spedire all'estero gli articoli acquistati.

### VINI E LIQUORI

È consigliabile acquistare i vini direttamente nelle cantine, dopo averli assaggiati (a volte la degustazione è a pagamento). Le migliori ! grappe di vinaccia dell'isola sono quelle distillate da Antónios Argyrós nella cantina-galleria d'arte *Art Space* di Kamári, dove arte ed enologia si sposano alla perfezione.

# FIRÁ E DINTORNI

**Una suggestiva striscia bianca di oltre 3 km lungo il bordo della caldera: sono i candidi edifici della cittadina di Firá (detta anche Thíra) e dei vicini centri di Imerovígli e Firostefáni.**

Le case orlano la cresta del cratere e si spingono curiose nelle scogliere sempre più scoscese che si protendono verso il mare. Sull'altro versante del cratere coprono i pendii che digradano più dolcemente verso l'Egeo, si insinuano nei vigneti e oltre, nelle valli di erosione così tipiche dell'isola. La metà più impegnativa della cittadina premia il rischio con l'assenza totale delle auto e una vista grandiosa, l'altra metà compensa con hotel e pensioni dai prezzi più economici e *taverne* abbordabili. Sulla cresta del cratere si concentrano i negozi di souvenir e le gioiellerie, mentre sul versante meno scosceso del borgo hanno sede in particolare le attività destinate a soddisfare le esigenze degli abitanti del posto, gli ambulatori, un piccolo ospedale e i noleggi di scooter e automobili. Se avete preso alloggio a Firá e desiderate trascorrere una giornata al mare, salite su un autobus di linea per Kamári o Períssa: arriverete in spiaggia in pochi minuti e spendendo ben poco. A Firá hanno sede anche i musei più importanti di Santorini. Inoltre, dal capoluogo potrete raggiungere con gli autobus di linea tutti i villaggi dell'isola senza cambiare mezzo. La parte orientale della zona, invece, non presenta grandi attrattive, eccezione fatta per l'antico borgo di Vourvoúlos.

Una striscia bianca e scintillante ai bordi della caldera: sospesa fra il trambusto e la quiete, Firá sorge in una posizione spettacolare

# FIRÁ

CARTINA NEL RISVOLTO
DI COPERTINA (127 E4) (*M* E-F4)

Con 1850 abitanti Firá è il capoluogo amministrativo dell'isola. Forma però un unico comune con i vicini nuclei urbani, un tempo autonomi, di *Firostefáni* e *Imerovígli*, arroccati sul bordo del cratere, e Kontochóri, sul versante opposto. La maggior parte dei turisti in crociera non ha né tempo né voglia di spingersi oltre l'abitato di Firá, le cui vie principali sono sempre troppo affollate, soprattutto quando attracca una grande nave. Quanto a bellezza, i borghi di Firostefáni e Imerovígli non hanno nulla da invidiare al capoluogo, ma in compenso sono molto più tranquilli. Tutti e tre i centri abitati offrono hotel e appartamenti perigliosamente abbarbicati alle pareti del cratere e buone *taverne* e ristoranti. Quanto alla vita notturna, però, le due sorelline non possono competere con l'animazione che regna a Firá.

Queste anfore decorate servivano per la conservazione delle provviste (Museo Archeologico)

## DA VEDERE

Per visitare i musei del capoluogo che ripercorrono ben 5000 anni di storia dell'isola bastano di fatto cinque ore. Il punto di partenza ideale è il moderno *Museo della Preistoria* di fronte all'autostazione centrale, che consente di conoscere le prime fasi della storia di Santorini. Lasciate il moderno museo quando siete arrivati più o meno al 1600 a.C. e, dopo aver passeggiato un po' per la Firá odierna, raggiungete il *Museo Archeologico*, che da un punto di vista cronologico costituisce la prosecuzione del Museo della Preistoria.

Dopo aver ripercorso la storia dell'isola fino all'anno della nascita di Cristo, potete fare una deviazione nella *cattedrale ortodossa*, al cui interno potrete immergervi nell'universo religioso che ha improntato la fede dei greci negli ultimi 2000 anni. Il vostro *excursus* sto-rico prosegue poi nel *Museo Megaron Gyzi*, che vi trasporterà all'epoca della dominazione "franca" dopo le Crociate. Qui troverete anche alcune illustrazioni dell'ultima eruzione e diverse foto del terremoto del 1956. L'itinerario si conclude al *Santozeum*, dove alcune riproduzioni dei dipinti murali preistorici di Akrotíri vi ricondurranno pressappoco all'inizio del vostro viaggio nel tempo.

### MUSEO ARCHEOLOGICO

Nella sala della biglietteria trovate alcuni reperti di epoca preistorica rinvenuti a Santorini prima dell'ufficiale campagna di scavo ad Akrotíri. Particolarmente belli, nella parte superiore di una vetrina situata nel passaggio che conduce alla sala principale, sono tre piccoli bricchi di ceramica decorati con due capezzoli appena accennati.

La sala principale va percorsa in senso orario. Subito a sinistra dell'ingresso, in una vetrina sospesa, spicca uno dei tesori più pregiati del museo: una *figura femminile in terracotta* dipinta, ancora in ottimo stato, alta circa 30 cm e risalente alla seconda metà del VII secolo a.C. La donna ritratta sembra strapparsi i capelli in segno di lutto – come le donne che compaiono nel film cult *Zorba il greco* e come non di rado si vede ancora oggi nei funerali in Grecia.

All'estremità sinistra della sala si trova un'*anfora* di terracotta del VII secolo a.C., decorata con pregevoli rilievi. Al centro della sala si distinguono invece le statue (purtroppo in parte danneggiate) di due giovani nudi, i cosiddetti *koúroi*. Nel VII secolo a.C., cioè durante l'età arcaica, statue in pietra di questo genere venivano scolpite in tutte le isole dell'Egeo, soprattutto per i templi consacrati ad Apollo. Il *koúros* di cui si è conservata la parte dal capo alla vita dimostra come queste statue fossero spesso di dimensioni superiori al naturale. Nelle vetrine a muro seguenti sono esposte diverse *ceramiche dipinte* dell'VIII e del VII secolo a.C. Particolarmente bella è la raffigurazione di un orso nella prima teca a terra dopo i *koúroi*.

Nella prima vetrina della più piccola sala trasversale sono esposte due larghe *ciotole di ceramica*: al loro interno sono dipinte antiche navi da guerra, delle quali potrete riconoscere facilmente il rostro a prua. La figura più grande rappresenta il capitano e !con un po' di attenzione si riescono a distinguere anche le teste dei rematori.

Nell'ultima vetrina della sala trasversale noterete infine una *caraffa per il vino* in terracotta di epoca ellenistica piuttosto audace: un satiro cornuto appartenente al seguito del dio Dioniso seduto su un cavallo panciuto. Dioniso non solo era il dio del vino, ma anche della fertilità, motivo per cui il membro del satiro appare smisurato. *All'estremità settentrionale della via che costeggia il bordo del cratere, vicino alla stazione della funivia | mar-dom 8-15 | ingresso €2*

---

⭐ **Museo Archeologico**
Un formidabile percorso attraverso 2500 anni di storia dell'arte in due sale → **p34**

⭐ **Funivia**
Due minuti di emozione tra cielo e terra → **p36**

⭐ **Quartiere cattolico**
Nel quartiere più antico di Firá, tra chiese e conventi, regna una quiete assoluta → **p36**

⭐ **Cattedrale ortodossa**
Uno sguardo nell'universo spirituale greco → **p37**

⭐ **Museo della Preistoria**
Reperti sensazionali provenienti dagli scavi di Akrotíri → **p38**

⭐ **Santozeum**
Per osservare le decorazioni che 3600 anni fa adornavano gli interni delle abitazioni di Akrotíri → **p39**

⭐ **Kapári**
Ristorante ricco di atmosfera, anche se non ha vista sul cratere → **p41**

⭐ **Máti Art Gallery**
Pesci soli o in grandi banchi in bronzo, vetro pressato, ferro e acciaio → **p44**

**LE SCELTE MARCO POLO**

### MUSEO MÉGARON GHÍZI

Il museo, in un palazzo veneziano del Settecento per molti secoli dimora della famiglia Ghízi, oggi appartiene alla Chiesa cattolica. Vale la visita solo se siete interessati alle sue collezioni: diversamente date un'occhiata al bel cortile interno. Sono esposti contratti, testamenti, lettere e altri documenti di proprietà della Chiesa dal 1550 in poi, mappe storiche di Santorini e di altre isole dell'arcipelago cicladico. Alcune stampe e incisioni multicolore ritraggono inoltre i borghi e il paesaggio naturale di Santorini e i suoi abitanti nei costumi tradizionali.

Al piano superiore, invece, sono esposte opere contemporanee di artisti greci e stranieri che vivono stabilmente sull'isola o l'hanno esplorata in lungo e in largo. *Odós Eríthrou Stavroú (segnalato a partire dalla stazione della funivia e dal Museo Archeologico) | lun-sab 10-22, dom 10-16 | ingresso €3*

### FUNIVIA ★ ☘

Dall'inizio degli anni '80 Firá è collegata al porto vecchio da una funivia costituita da due file di sei cabine che nell'arco di due minuti superano un dislivello di 225 m. La funivia è stata realizzata in Austria e donata dall'armatore Evángelos Nómikos, originario dell'isola: oggi è proprietà comunale. *Stazione a monte sul bordo del cratere nei pressi del Museo Archeologico (ben segnalata) | tutti i giorni 6.30-21, in alta stagione orari prolungati a seconda delle necessità | biglietto di sola andata €5*

### QUARTIERE CATTOLICO (TA FRÁNGIKA) ★

Subito a est della stazione a monte della funivia si estende il quartiere "franco" (Ta Frángika), dove a partire dagli inizi del XVIII secolo vissero i cattolici, comunemente chiamati "Franchi", rimasti sull'isola dopo la fine della dominazione veneziana. Lungo il vicolo tra la stazione

Un viaggio breve ma spettacolare: la funivia collega il porto di Firá al paese

della funivia e il Museo Mégaron Ghízi si ergono i due edifici più importanti del quartiere: il *convento domenicano* e la *cattedrale cattolica* di Santorini.

Appena entrati nella chiesetta del convento si notano i simboli che la differenziano dai luoghi di culto ortodossi: l'acquasantiera, il confessionale e soprattutto le statue di santi. Le suore domenicane che vivono nel convento e provengono da molti paesi diversi accettano volentieri i visitatori alle loro funzioni religiose *(tutti i giorni 6.15, 7.45, 12.15, 16.10, 18, 19.30, 21 e 1)*. La chiesa resta sempre aperta.

Un po' di sbieco di fronte al convento, nello stesso vicolo, sorge il piccolo duomo cattolico, eretto nel 1823 e consacrato a San Giovanni Battista. *Funzioni religiose sab 19, dom 10 e 19 / di giorno la chiesa è sempre aperta*

## MONÍ ÁGIOS NIKÓLAOS

Nell'unico monastero ortodosso dell'isola ancora abitato vivono due simpa-

tiche suore. Il convento risale al 1674, mentre la chiesa annessa fu costruita solo nel 1820. Il portale è sempre chiuso, ma viene aperto volentieri durante gli orari delle visite a chiunque tiri la corda del campanello. Le numerose targhe votive che corredano l'icona di San Nicola ricordano come il patrono dei marinai, dei pescatori e dei bambini abbia compiuto molti dei miracoli a lui attribuiti proprio a Santorini. Oltre a una gran quantità di altre icone di scarso valore artistico l'edificio custodisce anche un'interessante collezione di ritratti di vescovi ortodossi locali. *Imerovígli, sulla via che costeggia il bordo del cratere all'estremità settentrionale dell'abitato / tutti i giorni 8-12.30, giuset anche 16-19 / ingresso gratuito*

## CATTEDRALE ORTODOSSA ⭐

Il bianco edificio sul bordo della caldera, sormontato da una cupola ben visibile anche da lontano, è considerato uno dei simboli dell'isola. La chiesa è stata eretta nel 1956-57, dopo che la cattedrale precedente, costruita nel 1827, venne distrutta dal terremoto. Già al primo sguardo resterete a bocca aperta di fronte alla bellezza degli arredi, tra i quali pregevoli lampadari di cristallo e un'iconostasi di valore artistico, ma la vera meraviglia sono i dipinti murali che ricoprono interamente le pareti e il soffitto. Sono stati realizzati dal pittore Christóphoros Assímis, nato nel 1945 a Éxo Goniá e tuttora residente a Santorini, e sono stati finanziati dai fedeli. Chi dedica anche solo poco tempo all'osservazione ravvicinata delle pitture di questa cattedrale dedicata alla Madonna della Candelora, giungerà a comprendere meglio la fede ortodossa e la sua iconografia sacra.

Per prima cosa sollevate lo sguardo e ammirate i dipinti della cupola: situata nel punto più alto dell'edificio, rappresenta simbolicamente il cielo; è la ragione per cui nelle chiese ortodosse è in genere decorata con un'immagine del Cristo Pantocratore, sovrano di tutte le cose. Anche qui, come in quasi tutte le chiese greco-ortodosse, nei pennacchi della cupola sono ritratti i quattro evangelisti: è grazie a loro se è stato possibile conoscere la vita e la predicazione di Cristo.

Guardate ora davanti a voi l'iconostasi. Su questa parete divisoria, che separa la navata dal santuario (*bema*), è raffigurata l'Annunciazione. Da sinistra accorre l'arcangelo Gabriele, che annuncia a Maria la futura nascita del Figlio di Dio. La scena segna l'inizio della vita di Gesù, la cui conclusione, l'Ascensione al Cielo, è dipinta sulla parte inferiore dell'arco attraverso il quale si accede al presbiterio. Le diverse tappe della vita e della passione di Cristo sono il tema di altri affreschi. Nell'abside invece sono immortalate alcune scene della vita della Madonna. *Sulla via che costeggia il bordo del cratere | tutti i giorni dall'alba al tramonto | ingresso gratuito*

## MUSEO DELLA PREISTORIA ★ ●

La collezione comprende soprattutto reperti rinvenuti negli scavi di Akrotíri a partire dal 1976. Le sale vanno percorse in senso antiorario.

Nella sala B alcune schede informative spiegano nei dettagli (in greco e in inglese) la geologia dell'isola e la storia della sua formazione. In una vetrina sulla destra sono esposti alcuni *fossili animali e vegetali* rinvenuti negli strati di lava più antichi, fra cui quelli di alcune foglie di ulivo risalenti a 60.000 anni fa.

Accanto, in una vetrina a parete, noterete alcuni *idoli cicladici* realizzati nell'epoca compresa tra il 2800 e il 2400 a.C. circa. Sono perlopiù figure femminili, tipicamente con testa piatta e naso lungo, quasi a ricordare una forma fallica, il seno e il ventre stilizzati, le braccia conserte e il collo allungato.

Tra le principali attrazioni del museo compare il grande ❗ *plastico degli scavi di Akrotíri.* Se non li avete ancora visitati, qui potrete farvi un'idea di questo antico insediamento urbano, che visse il suo periodo di massimo splendore tra il 1700 e il 1600 a.C. Nelle sale successive gli archeologi vi aiutano a comprendere la sofisticata cultura abitativa e la complessa organizzazione sociale delle comunità dell'epoca. Nella prima vetrina alle spalle del plastico di Akrotíri, ad esempio, sono esposte le copie in gesso di alcuni calchi impressi nelle ceneri vulcaniche. Tra i più interessanti ricordiamo quelli di una *sedia di legno* e di un *tavolino a tre gambe*, di una *stufa di terracotta* portatile e di due lunghi *banchi di terracotta* a forma di cane sui quali veniva appoggiato lo spiedo, simile al *souvláki* odierno. L'oggetto successivo è ancor più stupefacente: una *vasca da bagno.* Altre vetrine documentano i sofisticati sistemi di misurazione utilizzati all'epoca, mostrando una serie di pesi.

La seconda parte della collezione è dedicata agli *affreschi di Akrotíri*, celebri in tutto il mondo. In primo luogo viene spiegata la tecnica utilizzata. All'interno di varie ciotoline potrete osservare diversi pigmenti colorati e alcuni resti di calce antica di 3700 anni. Un *altare domestico* a forma di tavolino a tre gambe testimonia come gli antichi abitanti di

A seguire ammirerete un'opera d'arte che è stata rinvenuta ad Akrotíri solo il 12 dicembre 1999 ed è unica nel suo genere: si tratta di un *caprone in oro* del XVII secolo a.C., di 11 x 9 cm e 180 gr di peso, in piedi su una sottile lastra d'oro. La straordinarietà di questo reperto risiede non solo nella sua singolare bellezza, ma anche nell'eccezionalità del ritrovamento:

Le sculture moderne indicano la strada per la Máti Art Gallery accanto alla cattedrale ortodossa

Akrotíri fossero soliti dipingere non solo le pareti, ma anche i piccoli oggetti. In questo caso a decorazione dell'altare vi sono alcuni delfini.

Nell'ultima sala ci sono *due affreschi* del XVII secolo a.C. Il primo ritrae alcuni mammiferi quadrupedi non meglio identificati, il secondo otto scimmie che danzano in cerchio. Proprio *l'affresco delle scimmie* dimostra chiaramente come i pittori dell'epoca potessero disporre di una consapevole libertà espressiva: le scimmie sono tutte diverse l'una dall'altra, sette di loro sono raffigurate di profilo, una frontalmente.

fuggendo dall'imminente eruzione del vulcano, gli abitanti di Akrotíri portarono infatti con sé quasi tutti gli oggetti preziosi di cui erano in possesso. C'è dunque speranza che si possano trovare ulteriori oggetti così preziosi, visto che il 97% del sito dell'antica Akrotíri aspetta ancora le spatole e gli scalpelli degli archeologi. *Davanti all'autostazione | mer-lun 8-15 | ingresso €3*

## SANTOZEUM ★

Il museo, aperto soltanto nel 2011, espone secondo una moderna concezione dispendiose riproduzioni in 3D, realizzate in base a rigorosi criteri scientifici, di tutti gli affreschi di Akrotíri nell'arco di 3500 anni. Al pari dei pochi originali, custoditi nel Museo Archeologico Nazionale di Atene e nel Museo della Preistoria di Firá, anche queste copie consentono di distinguere chiaramente i pochi frammenti rinvenuti durante gli scavi da quelli (molto più numerosi) riprodotti in maniera efficace seppure con una certa dose di fantasia: spesso questi ultimi sono nettamente superiori ai reperti. *Vicino alla stazione* boat che fanno la spola tra i lussuosi yacht e le navi da crociera e il molo. Sulla banchina stazionano decine di asini con i loro padroni in attesa di caricare e condurre i turisti in cima all'abitato con una cavalcata di 15 minuti. Di questi somarelli ne incontrerete un gran numero sulla via che collega il porto alla cittadina, per cui dovrete fare attenzione a non farvi investire e a non calpestare il letame. È comunque una bella alternativa alla funivia, che vale la pena di percorrere anche

In "taxi" a Firá: certo la funivia è più comoda, ma così è molto più bello!

*della funivia, ben indicato | mag-ott tutti i giorni 10-18 | ingresso €5 | www.santo zeum.com*

in discesa. Al molo si trovano un paio di caffè e di *taverne (€€)*, alcuni negozi di souvenir e un'agenzia di viaggi.

### SKÁLA (PORTO VECCHIO)

Un ampio cammino selciato di ben 587 gradini collega la via di Firá che costeggia il bordo della caldera al porto vecchio della cittadina; gli abitanti del posto, come spesso accade in Grecia, lo chiamano semplicemente *skála* (punto di attracco delle navi). Un tempo vi si ormeggiavano pescherecci e velieri da carico, oggi invece vi approdano soprattutto i tender

### RUPE DI SKÁROS

Ai piedi di Imerovígli si innalza uno spettacolare sperone di lava, ben visibile da diversi punti del bordo del cratere. All'epoca della dominazione veneziana, tra il 1207 e la metà del XVI secolo, questa rocca in cima all'altura era la sede del potere: sia quello civile (i veneziani), sia quello religioso (i vescovi cattolici) abitarono di volta in volta il castello sulla rupe.

Agli Ottomani, invece, la roccia franosa parve insicura e decisero di abbandonare la postazione. Nel 1811 gli ultimi abitanti rimasti si trasferirono a Imerovígli e a Firá, all'epoca appena fondata, e il castello e le abitazioni circostanti iniziarono ad andare in rovina. Il terremoto del 1956 li danneggiò ulteriormente, tanto che oggi dell'antico insediamento restano solo pochi ruderi di scarsa rilevanza.

Se vi piacciono le scarpinate e non soffrite di vertigini, scendete lungo il sentiero che parte dal ristorante *Blue Note*, situato nei pressi della bella 🌿 terrazza panoramica su cui si erge la *cappella di Ágios Geórgios*, attraversa quindi una sella e sale di nuovo sulla rupe di Skáros. I più coraggiosi potranno spingersi fino alla piccola *cappella di Agía Theosképasti*, annidata fra le rocce alle spalle della rupe. *Imerovígli | ingresso gratuito, cappelle sempre chiuse*

### MUSEO DEL FOLKLORE

Nel suo museo privato Emanuíl Lignós vi mostrerà come un tempo gli abitanti dell'isola vivevano e lavoravano. Si visitano una cantina di 35 m scavata nella pietra pomice, che fungeva anche da dispensa, e una casa grotta arredata in maniera tradizionale. Avrete poi modo di ammirare un'antica falegnameria, le botteghe di un fabbro, di un calzolaio e di un bottaio, tutte ricostruite fedelmente agli originali. Il piano superiore ospita invece una biblioteca con molti libri su Santorini e vecchi dépliant turistici. *Kontochóri, a valle della strada che conduce da Firá a Oía | mag-set tutti i giorni 10-14 | ingresso €3*

### MANGIARE E BERE

### DIÓNYSOS IN ATLANTIS

Ristorante dai prezzi abbordabili malgrado la posizione centralissima, con tavolini all'aperto ma senza vista sul mare e sulla caldera. Arredamento semplice come da tradizione. Cucina tipica locale senza fronzoli, con una selezione eccellente di *tsípouro*, grappa greca a base di diversi tipi di uva. *Odós Er. Stavroú, vicino alla stazione della funivia | tutti i giorni dalle 12 | €€*

### KAPÁRI ⭐

Dietro un manto di bouganville in fiore, Kóstas serve sulla terrazza della sua taverna cucina isolana e greca creativa senza il "supplemento-caldera". Insieme al pane porta un buon burro ai capperi; la grappa di vinaccia proviene da Creta, i formaggi più buoni da Mykonos. I pomodori che crescono a Santorini vengono preparati in molte varianti e gustosi sono anche la *pastitsáda* a base di pasta e il *sofríto*, un brasato di manzo tipico delle Isole Ionie. *A circa 300 m dalla platía sulla strada per Firostefáni | tutti i giorni dalle 16 | €€*

### KÍPOS

Questa economica taverna specializzata in piatti alla griglia ha una piccola terrazza fiorita sul retro. Non sembra quasi di essere a Santorini perché tutto è casalingo, semplice e soddisfacente. Spesso c'è il maialino da latte e l'ormai raro *kokorétsi*, un insaccato di interiora di agnello e capretto allo spiedo, ottimo se accompagnato da abbondante senape. *Odós 25is Martíou | tutti i giorni | €*

### KOUKOUMÁVLOS

Lussuoso ristorante gourmet ricavato nelle pareti della caldera, è stato più volte premiato dalla principale guida gastronomica greca come uno dei tre migliori locali delle isole dell'Egeo. Níkos Pouliásis, proprietario e capo chef, utilizza in maniera creativa soprattutto prodotti isolani, arricchendo ad esempio il risotto con un po' di caffè greco oppure abbinando alla tipica purea di piselli gialli *(fáva)* una mousse di anguilla affumicata e frutto della passione. Conviene prenotare per telefono. *Al di sotto dell'hotel Atlantis | tel 22 86 02 38 07 | www.koukoumavlos. gr | tutti i giorni dalle 19 | €€€*

### ! KYRÁ NÍKI

Se siete disposti a rinunciare alla vista panoramica, qui avrete modo di assaporare un po' di sana cucina greca a prezzi accessibili anche agli abitanti del posto. Molti piatti possono essere scelti direttamente dal bancone a vista, mentre le verdure e i sottaceti sono esposti su banchi da mercato. La deliziosa insalata è servita in ciotole commestibili di formaggio duro di Nasso. A pranzo, tra i clienti abituali, si trovano molti negozianti e impiegati. *A 800 m dall'autostazione, sulla strada per l'aeroporto | lun-sab dalle 11 | €-€€*

### MÝLOS ● ☘

Un giardino d'inverno circonda su tre lati un mulino a vento circolare e ben restaurato proprio sul bordo del cratere: è il punto di ristoro ideale soprattutto se il tempo è inclemente. Mentre godete di un panorama fantastico, potete assaggiare una cucina greca moderna con tocchi fusion e anche un menu degustazione da sei portate. Per i vegetariani lo chef ha sempre un occhio di riguardo. *Sulla via di Firostefáni che costeggia il bordo della caldera | www.mylossantorini.com | tutti i giorni dalle 16 | €€*

### ! NÁOUSSA ☘

Nel 2013 questa rinomata taverna si è spostata sul bordo del cratere. Ciononostante i prezzi non sono aumentati, il che la rende oggi, per la cucina e la splendida vista, la taverna con il miglior rapporto qualità-prezzo di tutta l'isola. Ecco perché bisogna mettere in conto lunghi tempi d'attesa. I proprietari vengono dalla Macedonia e preparano al meglio

i classici piatti greci da taverna, perlopiù ben speziati, come è d'uso nella cucina macedone. *Odós Georgíou D. Nómikou | tel 22 86 02 12 77 | www.facebook.com/ NaoussaRestaurantSantorini | tutti i giorni dalle 12 | €€*

### NIKÓLAS

Questa minuscola taverna quasi priva di finestre e senza tavolini all'aperto è una delle più antiche del capoluogo ed è rimasta pressoché immutata nel tempo. Il menu prevede soltanto piatti tradizionali e la scelta è ristretta, ma tutto è così buono che spesso davanti al locale si forma una lunga fila. Non si può prenotare in anticipo. *Odós Er. Stavroú, vicino alla platía di Firá | tutto l'anno tutti i giorni dalle 12 | €€*

### SÍMOS ●

Classica taverna con una cucina eccezionale ma senza vista sulla caldera. Invece di ordinare una delle abbondanti portate principali, di sera potrete mettere insieme un tipico *meze* a base di piccoli piatti, scegliendoli dal vassoio che il proprietario vi porterà direttamente a tavola. *Firostefáni, a sinistra lungo la strada principale da Firá a Imerovígli | tutti i giorni | €*

### SPHINX ☘

Raffinata cucina mediterranea proprio sopra la caldera. I clienti possono accomodarsi all'interno di grotte tradizionali oppure su una delle tre terrazze panoramiche, gustando pasta fatta in casa, pesce fresco, aragoste e *blinis* con caviale. *Sulla via che costeggia il bordo del cratere | tel 22 86 02 38 23 | www.sphinx.gr | tutti i giorni dalle 18 | €€€*

## SHOPPING

### ART GALLERY PHENÓMENOS

In questa galleria il pittore di Santorini Christóphoros Assímis, autore degli affreschi della vicina cattedrale ortodossa, mette in vendita i propri acquerelli ispirati in gran parte ai motivi tipici dell'isola, oltre a splendidi gioielli e sculture realizzati dalla compagna Eléni Kolaítou-Assimís. *Fábrika Shopping Centre sulla via che costeggia il bordo del cratere*

### ! BOOK & STYLE

Nella libreria più moderna e d'alto livello di Santorini troverete non solo libri di letteratura moderna greca e isolana

candelabri ai vasi fino alle zuppiere, coniugano l'arte tradizionale greca con la tecnica raku giapponese. *Vicino alla via che costeggia il bordo del cratere, nei pressi del Centro Congressi*

### ERNESTO

I coniugi Anita ed Ernesto si sono specializzati nella realizzazione di piccoli oggetti in legno: scatole, lampade, giocattoli, cornici, scacchiere e tavole per giocare a *távli. Odós Er. Stavroú (vicino alla stazione della funivia)*

Mýlos: cucina greca moderna con vista mozzafiato dalla terrazza intorno a un mulino a vento

tradotta in diverse lingue, ma anche una bella selezione di musica greca, giochi, cartoline illustrate con relativi francobolli e puzzle raffiguranti i motivi e i colori caratteristici dell'isola. *All'estremità sud della platía*

### CERAMIC ART STUDIO

Nella sua galleria, il ceramista Andréas Alefrákis espone e mette in vendita le proprie creazioni. I suoi articoli, dai

### GREEK CLOTHE

Nelle boutique di Santorini troverete solo di rado capi firmati da stilisti greci. In questo negozio, invece, potrete acquistare leggeri abiti estivi ed eleganti vestiti da sera del marchio ellenico Raxevsky (*www.raxevsky.gr*) e camicie da uomo della collezione John P., anch'essa di fabbricazione nazionale. *Sulla via che costeggia il bordo del cratere, a nord della cattedrale ortodossa*

Sabbia scura e fine e poca gente: la spiaggia vicino a Perívolos

### LALAOÚNIS

Il più celebre orefice greco, che gestisce anche un museo del gioiello ad Atene e ha filiali in tutto il mondo, non poteva mancare a Santorini. Per farvi un'idea del suo stile inimitabile potete dare un'occhiata al sito internet, ma vale la pena comunque di fare una capatina in negozio. *Sulla via che costeggia il bordo del cratere, vicino alla cattedrale ortodossa | www.iliaslalaounis.eu*

### ! LEONI SCHMIEDEL

Nata a Duisburg, Leoni Schmiedel vive a Santorini dal 1997, dove crea originalissimi collage riutilizzando non solo ciò che trova sulle spiagge e nell'entroterra dell'isola, ma anche lettere ingiallite e vecchi libri contabili. I colori delle sue opere corrispondono alle tinte dei paesaggi dell'isola: a volte l'artista usa persino ceneri e sabbie laviche. I visitatori sono i benvenuti nel suo atelier incassato nella parete del cratere. *Firostefáni | segnalato*

*dalla piazza della chiesa sul bordo del cratere*

### MÁTI ART GALLERY ★

Nel 1989 lo scultore Yórgos Kýpris e il gruppo di artisti greci *Studio 71* fondarono a Santorini una galleria che sull'isola non ha eguali. Il motivo più ricorrente nelle opere di Kýpris sono i pesci in ogni loro forma: visti come vittime dell'appetito umano, li rappresenta morsicati oppure schiacciati nelle scatolette in sculture ornamentali, soprammobili, decorazioni da appendere, ciondoli e molto altro. Tra i materiali utilizzati – sia per i pesci sia per barche di ogni forma – bronzo e vetro pressato, ma anche ferro e acciaio. *Fábrika Shopping Centre vicino alla cattedrale ortodossa | www.matiartgallery.com*

### ! NEW ART

Sono piccoli capolavori le t-shirt e le felpe di Werner Hampel, originario di Colonia. L'artista vi stampa i propri disegni, inventandone ogni anno di nuovi e prediligendo la rielaborazione grafica di scritte famose e simboli enigmatici. Come logo per il suo marchio ha scelto il *walking man*. *Fábrika Shopping Centre, sulla via lungo il bordo del cratere*

## SPIAGGE

Chi soggiorna a Firá, Firostefáni o Imerovígli, nel migliore dei casi può nuotare direttamente nella piscina dell'albergo. Utilizzando l'autobus di linea si raggiungono comunque in fretta e spendendo poco molte spiagge, tra cui *Kamári, Monólithos, Eríssa* e *Perívolos*.

## DI SERA

### CAFÉ CLASSICO ☼

Il posto ideale dal tramonto in poi, con diverse terrazzine lungo le pendici del cratere, dalle quali si gode di una bella vista sulla caldera e si ascolta discreta musica internazionale e sul tardi anche greca. Prezzi salati. *Sulla via che costeggia il bordo del cratere, vicino alla cattedrale ortodossa*

### ENIGMA CLUB

Da oltre trent'anni questa discoteca è una delle più frequentate sia dai turisti greci sia da quelli stranieri. La grande sala interna è intonacata di bianco, e prima di mezzanotte si può ballare anche nel cortile e sulla terrazza. *A 50 m dalla platía di Firá, a sinistra della strada per Oía | www.enigmaclub.gr*

### ! KIRÁ THÍRA

Piccolo bar in cui risuona soprattutto musica jazz, arredato con estro dal proprietario Dimítrios Tsavdarídis, autore delle sculture e della pittura murale raffigurante un banchetto nell'antica Thera. La bevanda più in voga è la sangria a base di vino locale. *Odós Erithroú Stavroú | in-*

*gresso €5 con una consumazione inclusa | www.santorini-hotels.info/tourist-guide/ restaurants/kira-thira-jazz-bar.htm*

### KOO CLUB

Turisti e isolani affollano questa discoteca con una sala interna con volta a botte e uno spazio esterno vicino al ciglio della caldera. *Sulla via che costeggia il bordo del cratere, subito a sud del Museo Archeologico | ingresso €10 | www. kooclub.gr*

### ! LUKUMUM

Ai greci piace spizzicare anche a tarda ora qualcosa di dolce, come ad esempio i *loukoumádes*, frittelle bollenti a forma di palline servite con gelato o cioccolata calda. Questo locale dedicato è aperto fino alle ore piccole. *A valle della platía, vicino a Manos Rent-a-car | €*

### MURPHY'S

Pub di giorno, di sera si trasforma in una delle discoteche più "calde" dell'isola. Il lungo bancone viene spesso utilizzato come dance floor soprattutto da giovani turiste britanniche e irlandesi. Se volete sapere che cosa succede nelle serate più divertenti guardate le foto affisse in bacheca. *Odós Georgíou D. Nómikou*

### TOWN CLUB

In questo grande bar con tanto spazio per ballare l'atmosfera è ancora più frizzante rispetto al vicino Murphy's Pub. I promoter attirano i clienti con offerte speciali sempre nuove e shot gratuiti che non permettono a nessun avventore di restare sobrio. C'è a chi piace così. *Odós Georgíou D. Nómikou*

## DOVE DORMIRE

Quasi metà delle case che sorgono sul bordo del cratere tra Firá e Imerovígli sono diventati hotel oppure fanno parte di complessi alberghieri. A Santorini non vi sono strutture ricettive più tipiche di queste. La posizione però ha un prezzo.

**! AIGIÁLOS**

Un gruppo di case davvero intimo e tranquillo in un complesso del XVIII secolo ricavato nelle pareti del cratere. Con una minipiscina per nuoto controcorrente tra i fiori dell'atrio e un ristorante gourmet. *16 case nel vicolo che scende lungo il bordo del cratere tra l'hotel Atlantis e il ristorante Seléne | tel 22 86 02 51 91 | www.aigialos.gr |* €€€

**ASIMÍNA**

Hotel centralissimo in un vicoletto vicino al Museo Archeologico, con un'ottima caffetteria al pianterreno. Camere arredate con gusto, alcune però senza vista panoramica. *14 camere | Odós Georgíou D. Nómikou | tel 22 86 02 20 34 | www.asiminahotel.com |* €

**ATLÁNTIS**

L'albergo più tradizionale dell'isola fu eretto all'inizio degli anni '50 sul bordo del cratere ed è stato poi modernizzato e ristrutturato più volte. Le camere sono molto piccole (15 $m^2$), ma ben arredate con pezzi di antiquariato e mobili in legno di ciliegio. Quasi tutte sono provviste di un balcone che dà direttamente sullo strapiombo. Con piscina e vasca idromassaggio. La colazione è servita tutto il giorno. *25 camere | all'estremità meridionale della via che costeggia il bordo del cratere, vicino alla cattedrale ortodossa | tel 22 86 02 22 32 | www.atlantishotel.gr |* €€€

**! GOLDEN STAR**

Moderno hotel con piscina accessibile anche a chi non soggiorna nell'albergo. Con un'ampia veduta sul mare e sul paesaggio e un parcheggio privato, a soli 200 m dalla *platía* e a 250 m dal bordo della caldera. Trasferimento gratuito da e per il porto e l'aeroporto. *24 camere | l'ultimo edificio sulla strada per il campeggio | tel 22 86 02 31 91 | www.hotelgoldenstar.gr |* €€

**! KÉTI**

Uno dei pochi alberghi semplici e per questo ancora relativamente economici sul bordo del cratere. Con frigorifero in

La freccia verso il basso significa che ovunque sul bordo del cratere ci sono camere da affittare

camera e aria condizionata. *9 camere | scendere lungo la scalinata di 54 gradini che conduce alla chiesa di Ágios Minás, tra la cattedrale ortodossa e l'hotel Atlantis | tel 22 86 02 23 24 | www. hotelketi.gr | €€-€€€*

### SCIROCCO APARTMENTS ●

Elefthérios e la moglie Anja Síngos, originaria di Bielefeld, offrono 17 monolocali e appartamenti su sei piani ricavati nelle pareti del cratere, a meno di cinque minuti di cammino dall'autostazione di Firá. *Scalinata fra la cattedrale ortodossa e l'hotel Atlantis | tel 22 86 02 28 55 | www. scirocco-santorini.com | €€*

### SPILIÓTICA 🌿

Complesso situato nelle pareti del cratere, quasi sopra la rupe di Skáros, con suite e appartamenti molto diversi tra loro e una piccola piscina. Sul soffitto del monolocale Nána, le cui pareti sono alte solo 2 m, è stato collocato un grande specchio, mentre la suite Honeymoon, che si sviluppa su due piani, si distingue non solo per lo specchio sul soffitto, ma anche per gli affreschi alle pareti. In alcuni appartamenti non avrete neppure bisogno di scendere dal letto per godere di una splendida vista sulla caldera. *25 appartamenti | Imerovígli, a valle della via che costeggia il bordo del cratere, nei pressi della chiesa di Ágios Geórgios | tel 22 86 02 26 37 e 22 86 02 47 67 | www. spiliotica.com | €€€*

### ! SUMMERTIME

Camere moderne con tv, frigorifero, alcune anche con balcone, in una pensione gestita con cura dalla proprietaria Eleftherína Korónios, a soli cinque minuti di cammino dall'autostazione e dalla via che costeggia il bordo del cratere. *12 camere | a valle della via principale inferiore, lungo la strada segnalata per il campeggio | tel 22 86 02 43 13 | www. summertime-santorini.com | €*

### TATÁKI

Difficile trovare un alloggio al centro di Firá più economico di questo alberghetto aperto già da parecchi anni. Le camere, disposte attorno a un cortile interno fiorito, sono semplici ma curate, anche se prive di vista panoramica. A soli 20 secondi di cammino dal bordo del cratere e a un minuto dalla fermata dell'autobus. *11 camere | sulla via del mercato che va dalla piazza principale al bordo del cratere, all'estremità meridionale di Odós Georgíou D. Nómikou | tel 22 86 02 23 89 | www.tatakihotel.com | €*

### TSITOÚRAS COLLECTION 🌿

Non potete trovare un hotel più costoso ed esclusivo a Santorini. Dimítris Tsitoúras, un avvocato e collezionista di Atene, ha materializzato a 300 m a picco sul mare un castello in miniatura. Dalla casa di un capitano antica di due secoli ha ricavato cinque suite di lusso abbastanza ampie da poter ospitare fino a sei persone ciascuna. Tra gli altri vi hanno soggiornato Gianni Versace, Moschino, Jack Lang, Demis Roussos, Nana Mouskouri e i Kennedy. *Firostefáni, sulla via che costeggia il bordo del cratere, a nord della chiesa di Ágios Gerássimos | tel 22 86 02 37 47, tel ad Atene 21 03 60 62 08 | www. tsitouras.com | €€€*

### VILLA SOÚLA

Pensione gestita con cura in posizione tranquilla. Le camere hanno l'aria condizionata, il frigorifero e il trasferimento da e per il porto e l'aeroporto è gratuito. Prezzi scontati per chi prenota via internet. *25 camere | a valle della via principale inferiore, lungo la strada segnalata per il campeggio | tel 22 86 02 34 73 | www. santorini-villasoula.gr | €*

## CAMPEGGI

### CAMPING SANTORÍNI ●
Questo campeggio di 11.000 m² si trova a circa dieci minuti di cammino dalla *platía* centrale di Kontochóri. Il terreno è duro e polveroso, e a fare ombra sono soprattutto alcune tettoie realizzate con stuoie di canne. Ci sono anche tende a noleggio, camere semplici e camerate. La piscina è accessibile anche a chi non ha scelto di soggiornare nel campeggio. *Sulla strada per Gialós Kanakári, segnalato dalla via principale inferiore in direzione di Oía | marzo-ott | tel 22 86 02 29 44 | www.santorinicamping.gr | €*

## INFORMAZIONI

Le informazioni sui voli, i collegamenti via mare, le escursioni, le attività per il tempo libero e gli alberghi sono disponibili nelle varie agenzie di viaggio della *platía* centrale.

I dettagli inerenti i collegamenti via mare possono essere richiesti anche alla polizia portuale di Firá, vicino alla *platía* sulla strada per Firostefáni *(tel 22 86 02 22 39)*, che a differenza delle agenzie di viaggio sarà in grado di aggiornarvi anche sugli orari del piccolo traghetto locale *Níssos Thirassía* diretto alla vicina isola di Thirasía e su quelli delle imbarcazioni gratuite che collegano Oía a Ríva (Thirasía).

## NEI DINTORNI

### ÉXO GIALÓS (129 F1) (*ɱ G4*)
Questa piccola località costiera a valle di Karterádos e il suo litorale di scura sabbia lavica che si estende fino alla spiaggia di Monólithos appaiono ancora poco battuti dai turisti. Non vi sono ombrelloni né sdraio a noleggio. Nella ! *Taverna Pános (tutti i giorni | €-€€)* si mangia in modo eccellente. Il pescatore Panagiótis e la sua moglie svizzera servono oltre a un'ottima zuppa di pesce e altro pescato

# GLI ASINI DI SANTORINI

I tour a dorso d'asino dal porto vecchio di Firá fino al centro della cittadina rappresentano da decenni un'esperienza emozionante per i croceristi appena sbarcati sull'isola. In alta stagione vengono impiegati fino a 400 asini che danno da vivere a 40 mandriani, che ogni mattina guidano gli asini dalle stalle situate in periferia fino al porto, e di sera li riconducono a casa. Il loro mestiere non è meno faticoso di quello dei quadrupedi, ma a rimpolpare i guadagni contribuisce il 20% degli incassi della funivia che fa loro concorrenza. Alcuni animalisti deplorano la dura sorte degli asini, mentre i mandriani sostengono che nessuno saprebbe occuparsene meglio *(www.santorini-donkeyunion.com)*. Sta di fatto che, a differenza dei loro proprietari, gli asinelli sono ormai molto richiesti anche come souvenir: nell'ambito del progetto *Donkey Republic* ogni anno diversi artisti provenienti da ogni parte del mondo realizzano asini in fibre di vetro multicolore, esponendoli nei luoghi pubblici e mettendoli in vendita in formati più piccoli anche come souvenir. Parte degli introiti è devoluta al posto di ricovero per asini e altri animali di Karterádos.

Le cappelle nel cimitero di Vourvoúlos hanno l'aria di un paesino fiorito

anche coniglio allevato da loro. *4 km dalla platía centrale di Firá*

### KARTERÁDOS ●
(129 D-E2) (🗺 F4)

Il paese, che a poco a poco si è amalgamato con Firá, si trova nel centro dell'isola ed è la quintessenza di Santorini, con diverse pensioni e hotel, alcune *taverne*, molte chiese e cappelle. Nella parte inferiore del paese ci sono inoltre antiche case rupestri scavate in tre piccole valli di erosione. La pensione *George (a sud del centro, sulla strada per la spiaggia di Éxo Gialós | tel 22 86 02 23 51 | www.pensiongeorge.com | €)*, gestita da una coppia greco-britannica, offre sistemazioni economiche per la notte. *1,5 km dalla platía centrale di Firá*

### VOURVOÚLOS
(127 E3) (🗺 F3)

Vourvoúlos è uno dei paesi dell'isola costruiti in una valle formatasi per erosione, il che comportava il vantaggio di poter ricavare nelle pendici della valle, fatte di materiali di riporto, ceneri e lava, quindi relativamente facili da scavare, grotte a scopo abitativo. Passeggiando nella via principale dell'antico borgo vedrete come la maggior parte di quelle case rupestri sia ormai adibita soprattutto a deposito o stalla.

La fermata dell'autobus si trova sulla via principale che collega Firá a Oía. Da lì una strada ripida e stretta scende fino alla piazza centrale del villaggio, dove è possibile anche parcheggiare. Qui sorgono la *chiesa di Ágios Efstáthios*, quasi sempre chiusa, e un monumento ai caduti. Dalla *platía* seguite la ripida strada in salita per Áno Vourvoúlos e poi la via che collega Firá e Oía per un centinaio di metri. Svoltando a sinistra si raggiunge il bel ● cimitero del paese. Le famiglie benestanti vi hanno fatto erigere 13 piccole cappelle sormontate da cupolette azzurre. Le tombe delle persone meno agiate si trovano nel cimitero antistante. *Platía di Vourvoúlos, circa 3 km da Firá*

# KAMÁRI
# E IL CENTRO

**I villaggi interni di Santorini sorgono perlopiù nella zona compresa tra Firá, Mégalohóri e Kamári. Qui si trovano anche gran parte delle cantine, l'aeroporto e il porto principale dell'isola.**

Il borgo costiero di Kamári è senza dubbio la località turistica più rinomata di Santorini, ma si trovano buone sistemazioni anche a Mégalohóri, Pýrgos e Messariá. Tra un paese e l'altro si estendono soprattutto ampi vigneti. I ruderi di alcuni mulini a vento, utilizzati in passato per macinare il grano, nei pressi di Pýrgos e Mégalohóri dimostrano come prima del turismo la coltivazione dei cereali rappresentasse un'attività di primaria importanza.

Una spiaggia scura di sabbia e ghiaia lavica fiancheggia quasi tutta la costa fino a Monólithos, nel cui porticciolo sono ormeggiati yacht e pescherecci.

L'isola è attraversata da ovest a est da profonde valli di erosione scavate dal vento e dalla pioggia negli strati friabili formati dalle ceneri vulcaniche. Il borgo di Vóthonas, rimasto praticamente intatto fino a oggi e ancora ignorato dalla maggior parte dei turisti, fu costruito proprio in una di queste valli perché i suoi abitanti potessero sentirsi al sicuro dalle incursioni dei pirati.

In questa zona si trova anche il Profítis Ilías, il monte più alto dell'isola (567 m). Su una delle sue brulle propaggini, la cima Mésa Vounó, gli archeologi hanno riportato alla luce le rovine dell'antica Thera (I secolo a.C.), un tempo l'insediamento più importante di Santorini.

Il centro balneare più importante di Santorini: lunghe spiagge, tanti villaggi caratteristici e mete interessanti nei dintorni

# KAMÁRI

(129 F4) *(𝑀 G-H6)* **Fino a una quaran-tina di anni fa Kamári (1400 abitanti) era la sola località dell'isola ad attirare qualche bagnante. L'unico tratto edifica-to del litorale si estendeva dall'attuale ristorante Iríni all'hotel Kamári Beach, ai tempi il solo albergo della zona.**

Oggi Kamári è la località della costa orientale con il maggior numero di hotel e pensioni, *taverne* e bar. Difficile ormai rintracciare un centro storico: a prevalere sono gli edifici eretti negli ultimi decenni, che partono dalla pianura costiera per poi rivestire i pendii dell'interno verso il Profítis Ilías.

A differenza di quanto avviene a Oeríssa, il centro balneare concorrente situato più a sud, il lungomare lastricato del paese è chiuso al traffico e su entrambi i lati si susseguono i tavolini di caffè e ristoranti. La spiaggia scura di Kamári si estende dalle pareti a strapiombo del monte Mésa Vounó verso nord fino a Monólithos.

Resti di muri e colonne ai margini degli scavi di Thera antica

## DA VEDERE

### CAPPELLA DI ÁGIOS NIKÓLAOS ☼

La piccola cappella, sempre chiusa e insignificante da un punto di vista artistico, si staglia su una terrazza nella zona meridionale del paese ai piedi di Mésa Vounó. Bella la vista su Kamári; la piccola grotta lì vicino nell'Ottocento e a inizio Novecento servì da ufficio doganale. Tra il XVII e il XVIII secolo, le altre grotte più piccole della zona furono invece abitate da alcuni eremiti.

### THERA ANTICA ★ ☼
(129 F5) (𝄞 G7)

Con le sue pendici a picco sull'Egeo, il monte Mésa Vounó si innalza imponente tra Kamári e Períssa. Per oltre un millennio sulla cresta prosperò la città più importante dell'isola. Pagando di tasca propria, tra il 1886 e il 1902 il barone tedesco Hiller von Gärtringen la riportò alla luce, liberandola da uno strato di cenere e terra spesso fino a 6 m. Gli scavi furono ripresi tra il 1990 e il 1994 da archeologi dell'università di Berlino. Negli anni successivi, anche grazie ai fondi elargiti dall'Unione Europea, l'intera area fu resa accessibile al pubblico e provvista di schede informative. La visita a piedi, che dura dai 45 ai 60 minuti, e il viaggio fin quassù in auto o a dorso d'asino valgono comunque la pena anche se non siete appassionati di archeologia, perché la passeggiata tra le rovine sparse sull'altura solitaria si rivela un'esperienza ineguagliabile anche da un punto di vista paesaggistico.

L'antica Thera venne fondata intorno al 1000 a.C. da un gruppo di coloni dorici provenienti dalla penisola ellenica. La maggior parte delle rovine rimaste risale però all'epoca ellenistica, quando le isole meridionali dell'Egeo erano controllate dai Tolomei d'Egitto, che fecero di Santorini un'importante base navale. In epoca romana l'antica Thera iniziò a perdere rilevanza e nel corso del VII secolo, durante la dominazione dei Bizantini, fu definitivamente abbandonata.

La visita inizia dalla piccola *cappella di Ágios Stéfanos*, costruita sui resti di una basilica paleocristiana. Sul parallelepipedo delle fondamenta antiche si ergono i muri, ormai fatiscenti, costituiti da blocchi di lava multicolore. Alla base di ciascuna delle due volte a botte che sormontano la chiesa si distinguono antiche colonne di reimpiego. Per entrare basta

del vino, del teatro e della fertilità. A lui è dedicato anche il rilievo situato all'inizio della gradinata: i due cerchi, che simboleggiano i testicoli, erano forse l'insegna di una casa di piacere romana. A seguire si trovano i resti del *teatro* (II secolo a.C.), che poteva ospitare fino a 1500 spettatori. L'intera cavità sottostante fungeva da cisterna.

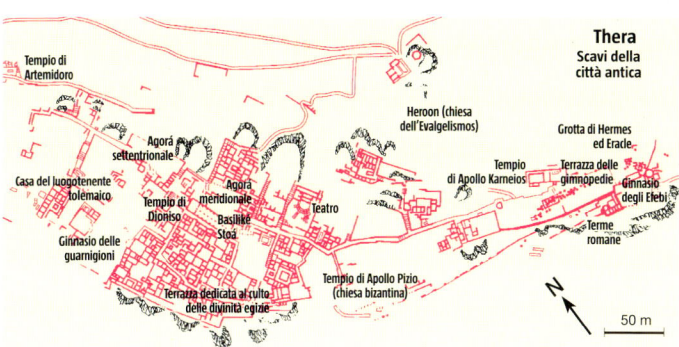

Thera
Scavi della città antica

Tempio di Artemidoro

Heroon (chiesa dell'Evalgelismos)

Grotta di Hermes ed Eracle

Agorá settentrionale

Casa del luogotenente tolemaico

Tempio di Apollo Karneios

Terrazza delle ginnopedie

Ginnasio degli Efebi

Agorá meridionale

Tempio di Dioniso

Basilike Stoá

Teatro

Terme romane

Ginnasio delle guarnigioni

Terrazza dedicata al culto delle divinità egizie

Tempio di Apollo Pizio (chiesa bizantina)

N

50 m

spingere i battenti del portone in legno alquanto malandato.
Sul versante del monte rivolto verso Kamári si trova invece il *Témenos di Artemidoro*, un santuario consacrato a varie divinità ed eretto dall'omonimo ammiraglio della flotta tolemaica. Tra i rilievi rupestri che lo adornano spiccano un'aquila, simbolo del padre degli dèi Zeus; un leone, simbolo di Apollo, molto venerato nell'antica Thera; un delfino, simbolo di Poseidone, dio del mare; e un ritratto dello stesso Artemidoro. La via principale dell'insediamento sfocia poi nell'antica *agorá* (la piazza del mercato), lunga più di 100 m ma insolitamente stretta per motivi di spazio. Alcune panchine disposte sotto gli alberi piegati dal vento invitano a concedersi una pausa. Al centro dell'*agorá* c'è una scalinata che sale fino alle fondamenta del Tempio di Dioniso, dio

A volte la via che conduce da qui a Capo Mésa Vounó è chiusa ai visitatori. In caso

### ⭐ Thera antica
La città fu riportata alla luce da un archeologo tedesco → **p52**

### ⭐ Cíne Kamári
I film più recenti proiettati al chiaro di luna con un sound tecnologico → **p57**

### ⭐ Panagía Episkopí
Da tempio pagano a chiesa cristiana → **p63**

### ⭐ Pýrgos
Uno dei villaggi più belli dell'isola, con un'atmosfera medievale → **p65**

**LE SCELTE MARCO POLO**

sia aperta, potrete raggiungere l'ampio spazio terrazzato che in età dorica era il centro religioso del culto ad Apollo, tra i cui riti figuravano anche le *gimnope-die* (danze di giovani nudi). I nomi dei più belli venivano incisi sulla roccia dai partecipanti alle feste accanto a quelli di alcune divinità: i *graffiti* più antichi risalgono al VII secolo a.C. Sulla terrazza si erge anche un *Tempio di Apollo* (VI secolo a.C.) accessibile dai visitatori, al cui interno si nota una piccola struttura a forma di porta attraverso la quale si accede a un cortile dove in origine si trovava il tempio vero e proprio. Quest'ultimo era dotato di un tetto piatto e comprendeva il pronao e la *cella* con la statua del dio. Nella *grotta* sottostante la terrazza venivano adorati Hermes (Mercurio per i Romani), dio dei ladri e dei commerci, ed Eracle (Ercole), leggendario protettore dei Dori.

Dal teatro parte una via che attraversa la sommità del Mésa Vounó e conduce sul versante del monte rivolto verso Perissa. Qui troverete un'altra terrazza (risalente al II secolo a.C.), luogo sacro in cui si celebravano culti a dèi del pantheon egizio. Nelle nicchie scavate nella roccia venivano riposte le offerte votive per le divinità, le cui statue erano collocate sulla vicina piattaforma intagliata nella roccia. Di seguito si oltrepassano una *cisterna* ben conservata, le ampie fondamenta del *palazzo del governatore tolemaico* e quelle del *ginnasio* (palestra) in cui si esercitavano i lottatori e i pugili delle sue guarnigioni. *Mar-dom 8-15 | ingresso €2*

Per raggiungere Thera antica da Kamári si deve percorrere una strada tortuosa e pavimentata con grandi lastre di pietra, praticabile anche in automobile. Nel punto in cui la strada per l'area archeologica si stacca dalla via principale di Kamári parte un **! minibus** per Thera antica *(mar-dom alle 9, 10, 11, 12 e 13 | sola*

*andata €6; con ritorno €10)*. I biglietti possono essere acquistati presso *Ancient Thira Tours (vicino alla fermata | tel 22 86 03 24 74)*, che organizza anche escursioni a dorso d'asino fino agli scavi *(andata e ritorno €40)*.

## LA COSTA SCOSCESA DI MÉSA VOUNÓ

Per avere l'impressione migliore delle dimensioni possenti delle scogliere a picco del Mésa Vounó l'ideale è intraprendere un breve giro in barca della durata di un quarto d'ora da Kamári a Perissa o viceversa. La piccola imbarcazione *Eléni* costeggia molto da vicino le pendici del monte che precipitano a strapiombo nell'Egeo, e anche quando il mare sembra del tutto calmo viene scossa violentemente da una serie di impetuose correnti sottomarine. *Partenza dalla spiaggia di Kamári tra le 8 e le 17 circa ogni ora, arrivo all'estremità settentrionale della spiaggia di Perissa | biglietto di sola andata €5*

### MANGIARE E BERE

### AMALTHÍA

I tavolini e le sedie di questo grande ristorante pensato per i turisti sono distribuiti fra un giardino ben curato e una terrazza adorna di fiori, il servizio è amichevole e disinvolto, l'assortimento notevole. Assaggiate l'ottimo *kléftiko* (agnello cotto lentamente al forno avvolto in carta oleosa e alluminio con cipolle, verdure, formaggio, patate ed erbe aromatiche). *Sulla via principale verso l'entroterra che parte dalla zona sud di Kamári | tutti i giorni dalle 17 | €€*

### ! GALÍNI

Lontana dal trambusto delle vie più battute dai turisti, la taverna dal bel nome "calma serena" invita a sedersi direttamente sulla spiaggia. A una decina di metri dalle onde dell'Egeo, circa 80 commensali gustano piatti principalmente a base di pesce fresco. L'offerta è esposta su un bancone a vista e spesso comprende pesciolini fritti dalla carne chiara e quasi privi di spine, che gli abitanti del posto chiamano *paximádia*. Nelle giornate più fredde ci si accomoda nella confortevole sala interna, tra pareti in pietra di lava e reti da pesca appese. Di notte si ammira al meglio il cielo trapunto di stelle, visto

di clienti illustri nel libro degli ospiti. Ma ciò che conta è il menu variegato a base di pesce fresco e le specialità isolane. *All'estremità meridionale del lungomare | tutti i giorni | €€*

### ! JUTTA'S CAFÉ

Ci sono due buoni motivi per venire in questo caffè. Il primo è che è di proprietà della berlinese Jutta, che dal 1967 vive a Santorini ma che ancora cucina otti-

All'interno confortevole, fuori spettacolare: la taverna Galíni sulla spiaggia di Agía Paraskeví

che tutt'intorno restano pochissime luci accese. Di giorno i genitori possono stare comodamente seduti a tavola mentre i bambini giocano sulla spiaggia antistante. *Agía Paraskeví Beach, 3 km a nord di Kamári | tutti i giorni | €€*

### IRÍNI

Aperta nel 1965, la più antica taverna di Kamári ha trovato rifugio in un nuovo edificio costruito tutt'intorno alla struttura originaria, ma conserva ancora il fascino di un tempo. L'anziana proprietaria Iríni indossa sempre un bel cappello da sole e mostra volentieri ai clienti gli autografi

mi piatti della tradizione tedesca: torte fatte in casa, würstel alla griglia o con curry accompagnato da insalata di patate, zuppa di patate, birra tedesca alla spina e un buon caffè filtro. L'altro, che piacerà anche a chi non è interessato alla cucina tedesca, è il bel dehors con piante e fiori, dove la musica suona piano, l'atmosfera è di relax totale, e a disposizione degli ospiti ci sono giochi da tavolo, come dadi e *távli*. In questa piccola oasi vi dimenticherete della calca di turisti che affolla le strade tutto intorno. *Odós Vasiléos Thíras (sulla via principale esterna all'abitato) | tutti i giorni | €*

### KORÁLLI

Il cuoco Michális ha un menu con molte proposte vegetariane, tra cui un soufflé di asparagi selvatici e una *moussaká* senza carne. A pochi minuti dalla spiaggia di Kamári. *Odos Vas . Thirá/Odós Makedonías | tutti i giorni | €*

### ! PRINCE

La tradizionale purea di piselli gialli detta *fáva* qui viene accompagnata da mandorle caramellate, e il dolce peperone rosso *florinís* è ripieno di formaggio della Grecia centrale e di cipolle crude. Un piatto vincente anche per la gente del posto è il filetto di maiale "alla Prince", ripieno di formaggio *haloúmi* cipriota e prugne. *Parte centrale del lungomare | tutti i giorni | www.prince-bar restaurant.com | €€*

### ! SALÍVEROS

Tra i ristoranti di più lunga tradizione di Kamári, arredato con mobili tipicamente greci: sedie impagliate in legno verniciato d'azzurro e tovaglie a qua-dretti. La proprietaria Maroulía, madre di tre ragazzi, e il marito Pétros, agente di polizia giudiziaria, aiutati da figli e nipoti, offrono deliziosi piatti da *taverna*. Gran parte delle verdure proviene dall'orto di famiglia, l'olio d'oliva dall'oliveto che Pétros possiede a Creta. *Poco prima dell'estremità meridionale del lungomare | tutti i giorni | €€*

## SHOPPING

### LAVA CANDLES

Kéli Palaiológou e il suo partner Antónis Zográfos realizzano splendide candele con le ceneri e la lava dell'isola. *A 30 m dal lungomare nella via secondaria Odós Vass. Filíppou, vicino alla scuola di sub*

## SPIAGGE

### KAMÁRI BEACH

(129 F3-4) (⌖ H6)

Questa spiaggia di sabbia scura e ghiaia lavica si estende per 5 km e appare coperta di sdraio e ombrelloni solo nel

A Kamári Beach prevale l'ordine, con sdraio e ombrelloni ben distanziati

tratto antistante il paese e di fronte agli alberghi più a nord, superati i quali potrete disporre liberamente di molto più spazio. All'estremità settentrionale del lungomare ha sede un centro di sport acquatici *(→ p107)*.

### MONÓLITHOS BEACH
(129 F2-3) *(* G4)*

Ampia fino a 30 m e lunga circa 1400 m, questa spiaggia di sabbia e ghiaia lavica digrada molto dolcemente, per cui si rivela adatta anche ai bambini. In alcuni punti potrete distendervi all'ombra delle tamerici, in altri troverete sdraio e ombrelloni a noleggio, mentre al centro della spiaggia vi sono un campo da beach volley e un grande parco giochi allestito con creatività.

## DI SERA

### CÍNE KAMÁRI ★ ●

I cinema all'aperto hanno iniziato a diffondersi in Grecia fin dal primo Novecento e oggi percepiscono persino sovvenzioni statali. Le rassegne estive di Kamári sono particolarmente interessanti poiché combinano le tecniche più moderne come il dolby surround con la bella atmosfera del cinema sotto le stelle. C'è anche un bar che vende snack e bevande. I biglietti possono essere prenotati in anticipo via internet o per telefono. *Sulla via principale per Kamári all'ingresso del paese | fine mag-inizio ott tutti i giorni 21 e 23.15 | tel 22 86 03 34 52 | www.cinekamari.gr | ingresso €7*

### CÍNE VILLAGGIO

Lungo tutto il corso dell'anno questo cinema con aria condizionata, all'interno di un moderno centro commerciale, proietta film perlopiù in inglese. *Odós Vasiléos Thirá | tel 22 86 03 28 00 | www.villaggiocinema.gr | tutti i giorni diversi*

*spettacoli | ingresso €7, nei "giorni speciali" (di solito mer-gio) €5*

### CLUB ALBATROSS ☀

Punto di ritrovo notturno sul lungomare. Prima di mezzanotte potrete accomodarvi tra le piccole palme e le tamerici che adornano la terrazza con vista sul mare, dopodiché la festa continua all'interno del locale, dove a volte si balla anche il *syrtáki*. *Sul lungomare tra Odós Zafiropoúlos e Odós Mégas Aléxandros*

### GROOVE BAR

Le partite trasmesse in diretta sui grandi schermi di questo tipico pub inglese faranno la gioia degli appassionati di sport, mentre gli amanti della birra potranno scegliere tra una sessantina di varietà provenienti da tutto il mondo. I patiti di musica anni '60-'80, rock 'n' roll e reggae saranno entusiasti del sottofondo musicale, a volte con concerti dal vivo. *Odós Vass. Filíppou | tutti i giorni dalle 11.30*

### HOOK BAR

Continua a essere un bar molto frequentato, dove si ascoltano soprattutto vecchi successi. Con un'ampia scelta di cocktail. *Sul lungomare a sud di Odós Mégas Aléxandros*

## DOVE DORMIRE

Kamári si trova nel corridoio aereo dell'aeroporto di Santorini, a circa 1500 m dalla pista di atterraggio. Considerato però che sull'isola atterrano al massimo una decina di voli al giorno, e l'ultimo aereo in genere attorno alle 21.30, l'inquinamento acustico si mantiene entro limiti accettabili.

### DOLPHINS

Quest'hotel a gestione famigliare sulla spiaggia ha 20 appartamenti che possono ospitare da 2 a 6 persone. Conformemente all'architettura isolana, tutti gli appartamenti hanno un balcone privato o persino un'ampia terrazza. Il rapporto qualità-prezzo è eccellente. *Sul lato settentrionale del lungomare | tel 22 86 03 16 08 | www.dolphins-santorini.gr | €*

### ! KASTÉLLI RESORT

Il complesso, ad almeno 2 km dalla spiaggia, fa parte degli "Small Luxury Hotels of the World" ed è una delle strutture ricettive migliori di Kamári. Le 59 camere e suite sono distribuite fra un edificio di un piano e altri tre di due piani. Il resort comprende quattro piccole piscine, una spa con sauna e un campo da tennis in terra battuta con illuminazione artificiale. *Sulla via parallela al lungomare | tel 22 86 03 15 30 | www.kastelliresort.com | €€€*

### OCEANIS BAY ☀

Questo edificio bianco e azzurro sul lungomare dispone soltanto di sei appartamenti e ha un po' l'aspetto di una villa. Non c'è la piscina, ma la spiaggia si trova a soli 50 m di distanza. Tutti gli appartamenti sono dotati di balcone vista mare, così come il piccolo giardino antistante. *All'estremità settentrionale del lungomare | tel 22 86 03 40 05 | www.oceanisbay.com | €*

### ! TAMARIX DEL MAR

Un bell'hotel con 23 suite di 35-80 m$^2$, distribuite fra sette edifici di due piani costruiti nello stile tipico dell'isola disposti attorno a un cortile interno che funge da atrio e include una piscina d'acqua dolce illuminata anche di sera. Ci sono inoltre vasche idromassaggio sia all'interno sia all'esterno, un'altra piccola piscina al coperto, sauna e palestra. Il servizio in camera dalle 8 alle 24, babysitter su richiesta. *150 m dalla spiaggia, in centro | tel 22 86 03 18 09 | www.santorini-luxury-hotels.com | €€€*

### ZÉPHYROS

Piccolo hotel ben curato, con una terrazza per la prima colazione adorna di piante e piscina d'acqua dolce circondata da graziose piccole palme. A 300 m dalla spiaggia e 100 m dalla fermata dell'autobus. *44 camere | sulla via principale, in centro | tel 22 86 03 11 08 | www.santorini zephyros.com | €€*

## NEI DINTORNI

### ! ART SPACE (129 E3) (🕮 G6)

Antónios Argyrós ha trasformato una vecchia azienda vinicola alla periferia del villaggio di Éxo Goniá in una delle

# IN BARCA E IN AUTOBUS

Le agenzie di viaggio di Santorini programmano quotidianamente escursioni organizzate. In un tour di un giorno potreste esplorare il Profítis Ilías, il sito archeologico di Akrotíri, il faro di Capo Akrotíri, la Perívolos Beach e una delle varie cantine dell'isola. Un tour di questo genere costa circa €35 (esclusi i biglietti di ingresso), mentre le gite in autobus di mezza giornata da Kamári alla Panagía Episkopí, a Pýrgos e a Oía, dove si ammira un tramonto mozzafiato, costano €28. Le uscite in barca di una giornata nella caldera partono invece da €35, incluso il trasferimento in autobus dall'albergo al porto; i tour in barca da Kamári a una delle spiagge di Akrotíri da €45, barbecue in spiaggia compreso.

Zaino in spalla su uno dei traghetti che più volte al giorno raggiungono il porto di Athínios

gallerie d'arte più intriganti d'Europa. Ogni anno fra metà aprile e fine ottobre, nel bell'ambiente a volta, vengono esposte opere di artisti contemporanei. Le quotazioni partono da €200 ma possono raggiungere anche cifre a cinque zeri.

Il gallerista parla un ottimo inglese e guida personalmente gli ospiti (soltanto in piccoli gruppi) durante la visita, raccontando aneddoti non solo sugli artisti, ma anche sulla cantina e sulle attrezzature che contiene. Una delle stanze, ad esempio, serviva in origine da cisterna, un'altra da stalla. Sulla scorta di vari oggetti museali si apprendono diverse curiosità su come avveniva un tempo a Santorini la produzione della conserva di pomodoro, la distillazione della grappa e la pigiatura dell'uva: un'esperienza davvero unica, che non prevede l'obbligo di comprare nulla né di pagare alcun biglietto di ingresso.

Di recente, Antónios ha iniziato a produrre egli stesso vino e grappa di vinaccia secondo la tradizione isolana.

Al termine della visita, potete chiedere di degustare i suoi prodotti e, naturalmente, anche acquistarli: di sicuro la miglior degustazione di vino che offra Santorini, anche se non c'è il panorama sul cratere. E per di più per Antónios i pulmann dei gruppi organizzati sono tabù! *Bivio ben segnalato sulla via principale che conduce da Messariá a Kamári; fermata dell'autobus sulla via principale (da lì bisogna percorrere circa 300 m a piedi), 2 km da Kamári | tel 22 86 03 27 74 | www.artspace-santorini. com | tutti i giorni dalle 11 al tramonto*

### PORTO DI ATHÍNIOS (129 D3) (*E6*)

Il porto dove attraccano i traghetti è anche il porto commerciale dell'isola e si trova direttamente ai piedi delle ripide pareti della caldera. Una strada ben progettata con una serie di tornanti sale per 300 m dal livello del mare all'orlo della caldera e alla strada principale da Firá al sud dell'isola. Sul molo, lungo circa 150 m, hanno aperto i battenti diverse *taverne*, caffè, agenzie di viaggio e autonoleggi. In alta stagione, ogni volta che attracca o salpa una nave, si assiste a un bailamme indescrivibile, nel quale è bello immergersi almeno una volta anche se si è arrivati sull'isola in aereo. Almeno due volte al giorno approda anche un traghetto per il trasporto di veicoli che poi prosegue per la piccola isola di *Thirasía (→ p91)*.

Circa 300 m a nord est del molo un cerchio di boe arancioni delimita l'area sul cui fondale giace la nave da crociera cipriota *Sea Diamond*, affondata nel 2007 e mai rimossa, malgrado il rischio rappresentato dalla perdita di combustibile, poiché lo Stato, la società armatrice e le compagnie di assicurazione non sono riuscite a trovare un accordo per la ripartizione dei costi. *10 km da Kamári*

## GITE IN BARCA NELLA CALDERA

È una delle esperienze più belle che si possano fare a Santorini: la traversata della caldera su una barca. Le imbarcazioni turistiche partono quasi tutte dal porto di Athínios (alcune anche da quello di Firá o dal porto di Arméni a Oía).

Esse raggiungono perlopiù tre destinazioni. La prima è l'isola di lava Néa Kaméni, "sputata" fuori dall'eruzione vulcanica del 1707-11. Il vulcano continua a essere attivo: il magma è fuoriuscito l'ultima volta nel 1950, ma continua ancora a verificarsi un'emissione di vapori sulfurei che dà luogo a colonne di fumo bianco, più o meno denso. Si propaga un odore di uovo marcio, ma l'aria non è nociva. Le imbarcazioni gettano l'ancora nella baia di Petrouliòu. Da lì in circa 25 minuti potete salire al cratere principale di Ágios Geórgios, a 124 m d'altezza, creatosi tra il 1939 e il 1941, oltrepassando nel cammino diversi crateri che sono nati quasi tutti durante eruzioni di poco conto tra il 1926 e il 1941. Noterete rocce magmatiche gialle, per lo zolfo, rossobrune,

a causa del ferro, e rosse, per via del manganese; vapori sulfurei fuoriescono da fessure del terreno mentre ve ne state in mezzo a una distesa di lava a osservare il contrasto irreale con le luminose case bianche sul bordo del cratere. E anche qui la natura è già tornata a vivere: sono spuntate più di 150 specie vegetali, tra cui menta, salvia, cisti sempreverdi e querce spinose.

Le barche gettano per la seconda volta l'ancora davanti a Paléa Kaméni, che è affiorata nella caldera dopo l'eruzione del 197 a.C. e che in molte eruzioni successive ha cambiato forma e dimensioni. In questa baia l'acqua di mare viene riscaldata da fonti sottomarine calde e misura sempre una temperatura tra i 30° e i 40°C: potrete nuotare in un'acqua bruna, colorata dallo zolfo e dal ferro. Ricordatevi però di togliere orologio e gioielli perché i metalli nobili nell'acqua termale ricca di sali minerali si corrodono nel giro di pochi secondi!

La terza fermata è nel minuscolo porto di Korfós sull'isola di Thirasía, che ha solo 150 abitanti. Lì potrete gettarvi nelle acque trasparenti dalla piccola spiaggia di ciottoli o andare a placare la fame e la sete in una delle *taverne*.

*I tour, che durano circa 4 ore, partono diverse volte al giorno e comprendono il trasferimento in autobus. Chiedete informazioni nelle agenzie di viaggio o direttamente al porto*

## ÉXO GONIÁ (129 E3) (*⌘ F-G 5-6*)

Questo paese si allunga su un pendio a ovest della strada che collega Kamári e Messariá. All'estremità superiore del borgo, sulla strada per Pýrgos, si erge l'imponente *chiesa di Ágios Charálambos (sempre chiusa)*. Visibile anche da lontano, la chiesa ha un tetto di tegole rosse invece della consueta cupola azzurra. Il cortile antistante è rivestito di mosaici a motivi geometrici realizzati con pietre laviche multicolore. *A 3 km da Kamári*

! **MÉGALOHÓRI** (129 D4) (🗺 *E-F6*)
Mégalohóri in greco vuol dire "grande villaggio". Questo nome però non si addice alle dimensioni attuali del paese, che con le sue 460 anime è uno dei comuni più piccoli di Santorini. I suoi vicoli stretti, le case costruite nello stile tipico dell'isola

La piazza della chiesa è anche il centro del paese. Bastano 290 passi lungo la viuzza principale per arrivare a una porta campanaria con tre ordini di arcate che attraversa la via. Subito dopo, alcuni gradini conducono al cortile antistante la *chiesa degli Ágii Anárgiri*, consacrata, come lascia intendere il nome, ai "santi senza argento", vale a dire a due fratelli medici Cosma e Damiano che curavano

Chiesa, campanile, cortili cintati: in giro per Mégalohóri

e le numerose chiese (chiuse) invitano a una passeggiata, soprattutto di mattina e nel tardo pomeriggio.
Per raggiungere il centro storico basta percorrere per 150 m la strada asfaltata che parte dalla fermata dell'autobus presso il parcheggio a sud del borgo. Per accedere al centro passerete sotto il campanile della *chiesa Isódia tis Panagías*, consacrata alla Presentazione di Maria al Tempio. Con un po' di fortuna riuscirete persino a trovarla aperta e potrete ammirare le pitture murali nel tradizionale stile bizantino che decorano l'interno.

i malati senza chiedere alcun compenso. I loro nomi, Kosmás e Damianós, campeggiano sui due campanili della chiesa. La ● *cantina Gaválas*, a soli 150 m dalla *platía*, merita una visita: non si paga il biglietto e al termine potrete anche degustare i loro vini nell'appartato cortile interno (*in alta stagione tutti i giorni 10-20, il resto dell'anno fino alle 17.30 | tel 22 86 08 25 52 | www.gavalaswines.gr*). Ai margini del centro storico, non lontano dalla *platía*, il piccolo ● *Art Centre Philohória* (*tutti i giorni 10.30-14 e dalle 19*) della pittrice e scultrice Ioánna Babári

Due pescatori di Monólithos preparano le reti prima di prendere il mare

è aperto al pubblico. A metà fra un art café e uno champagne bar, ha una bella terrazza sul tetto. La taverna *O Géros Manólis (tutti i giorni | €)*, sulla via che collega la *platía* al parcheggio a sud del paese, gode di una buona nomea per via della sua cucina genuina.

A Mégalohóri potrete darvi anche allo shopping. Sulla circonvallazione per Teríssa e Akrotíri si susseguono sette ● atelier di altrettanti pittori e vasai. Dimítris Béllos e Aspasía Vóvola si dedicano nel loro *Art Centre Akrón (www.akron-art.gr)* a pregevoli riproduzioni di opere d'arte antiche. Realizzano copie degli affreschi di Akrotíri a grandezza originale (vi sono persino formati da 1,20 x 1,80 m). Dipingono anche vasi e oggetti di ceramica ispirandosi allo stile minoico e a quelli dell'epoca classica e geometrica. Proseguendo sulla via principale verso Akrotíri incontrerete l'*atelier Michalisk* del pittore *Michális Karamolégos*, che predilige i tipici motivi di Santorini pur senza cadere nel kitsch, e subito dopo il ❗*Galatéa's Pottery Studio*

*(www.galateaspottery.wordpress.com)*, dove troverete sia moderni oggetti di ceramica sia opere ispirate ai reperti preistorici rinvenuti ad Akrotíri. *9 km da Kamári*

## MESSARIÁ
(129 D-E 2-3) (*F5*)
Quasi tutti i turisti finiscono per passare almeno una volta per il borgo di Messariá (1075 abitanti), situato presso il crocevia più importante dell'isola, dove la strada per l'aeroporto e per Kamári si diparte da quella diretta a Pýrgos e Akrotíri. L'incrocio corrisponde oggi alla piazza centrale del paese, contornata da caffè, negozi e ristoranti. La piazza non è un granché bella, ma procedendo verso il centro del villaggio per circa 200 m, dopo aver superato un parco giochi, un campo sportivo e una grande cisterna, scoprirete le bellezze del borgo antico. Vedrete la *chiesa parrocchiale di Ágios Dimítrios* costruita con blocchi di lava non intonacati che mantengono i loro colori rossi, neri e grigi e anche ciò che resta di

due fabbriche di conserve di pomodoro. Scoprirete anche l'elevato tenore di vita della famiglia di Georgios E. Argyrós, proprietario di un'azienda vinicola, che un secolo fa viveva in paese: la prova è la loro villa di due piani, costruita nel 1888 in stile neoclassico, *Arhontikó Argyroú (in diagonale rispetto alla scuola, sulla piazza del villaggio | mag-ott mer-dom 11-19 | ingresso €5 | www.argyrosmansion.com). 4 km da Kamári*

## MONÓLITHOS
(129 F2) (*⑪ G-H4*)
Questa piccola località costiera deve il proprio nome all'imponente monolito calcareo che si innalza per 33 m dalla pianura in cui è situato l'aeroporto. La rupe esiste da 200 milioni di anni e al pari del Profítis Ilías e del Mésa Vounó risale all'era precedente alle eruzioni vulcaniche che hanno trasformato il profilo di Santorini. Sul versante meridionale dello sperone roccioso sorge la candida *chiesa di Ágios Ioánnis* (sempre chiusa), dalla quale è possibile scorgere la pista di atterraggio dell'aeroporto. Le case sono sparse, mentre sulla costa svettano le ciminiere di alcune vecchie fabbriche di conserve di pomodoro: solo una di esse viene messa ancora in funzione brevemente in estate. Tra questi impianti industriali vi sono anche una centrale che produce buona parte della corrente elettrica consumata sull'isola e, infilato in mezzo, persino un piccolo albergo.
Vicino a una delle fabbriche, ai margini del parcheggio, sono disposti i tavolini e le sedie della *Taverna Skaramángas (tutti i giorni | tel 22 86 03 17 50 | €€)*, sempre occupati dalla gente del posto: la zuppa di pesce *kakaviá* (da prenotare in anticipo) è eccellente. A pochi passi più a sud la *Taverna Kapetán Loízos (tutti i giorni | €€)* per il medesimo rapporto qualità-prezzo offre ampi e ariosi

spazi interni, un confortevole riparo dalla sabbia trasportata dal vento. Alla stessa altezza noterete sprofondati in mare anche i resti del molo dal quale un tempo partivano le navi cariche di conserve di pomodoro. Poco più a sud c'è un piccolo porto peschereccio, che in realtà è tutt'altro che romantico.
Dalla via litoranea che prosegue verso nord si ammira invece un paesaggio davvero insolito. Dopo aver superato una serie di vecchie case rupestri abbandonate, sarete circondati da bizzarre pareti di pietra pomice decorate da graffiti. Osservandoli più da vicino, con un po' di fantasia vi sembrerà persin di riconoscere alcuni ideogrammi cinesi, incisi dal vento e dalla pioggia. *5 km da Kamári*

## PANAGÍA EPISKOPÍ ★
(129 E4) (*⑪ G6*)
La "chiesa episcopale di tutti i santi", è uno dei luoghi di culto più antichi e interessanti dell'isola. Fondata da un

## LOW BUDGET

Da novembre a marzo la prima domenica del mese si entra gratuitamente nel *sito archeologico* di Thera antica.

Anche a Kamári è possibile mangiare a sazietà senza spendere molto: basta limitarsi a *gýros* e *souvláki*. Il chiosco più frequentato dai turisti è *Souvláki Stop* nella parte meridionale del lungomare. Gli abitanti del posto prediligono invece la *Kantína Minás* in centro, molto più semplice e ancora più economica, che però apre solo di sera e serve unicamente spiedini di pollo o maiale.

imperatore bizantino nel 1115, fino al 1207 fu la chiesa episcopale di Santorini, ed è sottoposta a tutela architettonica sin dal 1962.

Chiamata anche *Panagía Goniás*, si erge al centro di un paesaggio incontaminato, su un sagrato adorno di vasi di fiori, cipressi e carrubi. Per edificarla furono riutilizzati alcuni degli elementi che facevano parte dell'antico santuario che stretta e tortuosa, è percorsa da un gran numero di pullman turistici. Dalla sommità del monte ammirerete una magnifica veduta dell'isola e dell'Egeo, mentre la vista della vetta di per sé è a dir poco sconsolante: il monastero che sorge nei pressi della cima è circondato da una foresta di antenne.

Proprio sotto la cima sorge il *monastero* che, fondato all'inizio del XVIII secolo, fu

Gioco di luci al tramonto con nuvole temporalesche che incombono su Pýrgos

sorgeva al suo posto. All'interno, noterete infatti diverse colonne di reimpiego con capitelli di varia foggia; la zona absidale inoltre appare scandita da colonnine decorative tardo-antiche, anch'esse dotate di capitelli. *Segnalata dalla via che collega Firá a Kamári, nei pressi di Mésa Goniá | tutti i giorni 10-12 e 14-17 | gradita un'offerta | 5 km da Kamári*

### PROFÍTIS ILÍAS ☀

(129 E4) (*μ G6-7*)

Per raggiungere il monte più alto di Santorini (567 m) bisogna imboccare da Pýrgos una strada asfaltata che, benché rimaneggiato tra il 1852 e il 1857. Al pari di molti conventi e chiese eretti sulla sommità delle alture greche, è consacrato al profeta Elia, che secondo il Vecchio Testamento ascese al cielo dalla cima di un monte in un carro di fuoco. L'edificio è chiuso ai visitatori, mentre la *chiesa del monastero* apre solo durante determinate funzioni *(mer, ven, sab 16-17.30, sab anche 6-8.30, dom solo 4.30-8.30)*. La nuova *chiesa di Ágios Nektários* a valle dell'ingresso del monastero invece è sempre aperta e si distingue per le belle cupole e semicupole rivestite di scandole. *11,5 km da Kamári*

## PÝRGOS ★ ☼

(129 E3-4) (🕮 F6)

Pýrgos è il villaggio più elevato di Santorini. L'antico centro storico è arroccato in cima a un'altura di 350 m e all'epoca della dominazione veneziana era un borgo fortificato sovrastato da un piccolo castello. Durante l'occupazione turca fu persino dichiarato capoluogo dell'isola. Pýrgos merita una visita a qualsiasi ora, ma soprattutto **! al tramonto,** che qui è altrettanto bello che a Oía, ma con il vantaggio ulteriore di non essere disturbati da orde di turisti. Una volta calato il sole apre anche il wine bar e ristorante gourmet *Selene (a un minuto dalla platía, sulla sinistra a monte della strada per il monastero del Profítis Ilías | tel 22 86 02 22 49 | www.selene.gr | ristorante tutti i giorni 12-16 e dalle 19, wine bar tutti i giorni 17-24 | €€€),* annoverato tra i migliori e più cari di tutta la Grecia. Il locale propone cucina greca e mediterranea reinterpretata con creatività, mentre nel wine bar troverete ottimi vini, dolci di produzione propria o un vassoio con nove tipi diversi di deliziosi formaggi tipici.

Gli autobus di linea fermano sulla piazza del paese, che con i suoi pochi negozi e locali e l'edicola corrisponde al centro del villaggio. Da questa *platía* si dipartono due viuzze che salgono fino al quartiere del *Kástro;* per accedervi si percorre un passaggio sotto a una casa. Si incontra per prima la chiesa di Christós (sempre chiusa), nei pressi della quale Penélopi e suo marito Mános gestiscono la **! vineria tradizionale Penelope** *(tutti i giorni | €),* dove è possibile ordinare anche qualche stuzzichino. Assaggiate i *tomatokeftédes,* chiedete di provare il vino della casa e come dessert i fichi e gli acini d'uva imbevuti di sciroppo.

Il punto più alto del quartiere Kástro si trova a soli 200 m dalla chiesa di Christós, purtroppo sempre chiusa. Giratele intorno fino a raggiungere un ☼ *bastione.* A questo punto lo sguardo è libero di spaziare sull'isola, sull'aeroporto e sul Kástro dal quale si innalzano verso il cielo quattro chiese sormontate dalle tipiche cupole, con due campanili e sei croci. In alta stagione, da giugno a settembre, sulla via del ritorno si può ammirare anche una piccola *collezione di icone (in genere mar-dom 10.30-15 | ingresso libero)* prodotte tra il XVII e il XVIII secolo, che provengono da diverse chiese dei dintorni. *7,5 km da Kamári*

## ! VÓTHONAS

(129 E3) (🕮 F5)

Vóthonas è un tranquillo paesino ancora sconosciuto alla maggior parte dei turisti; privo di ristoranti e caffè, conserva tuttora la sua autenticità. Dalla strada che collega Kamári a Messariá è impossibile scorgerlo, mentre da quella che corre da Messariá a Pýrgos riuscirete solo a dargli un'occhiata fugace. Infatti, gran parte del borgo è adagiata in una delle strette e profonde valli di erosione tipiche del paesaggio di Santorini. Molte abitazioni sono state scavate nelle pendici di roccia lavica della valle, mentre altre sono addossate su un pendio scosceso. Il villaggio è quasi del tutto abbandonato e le sue case rupestri fungono perlopiù da stalle o da depositi.

Per raggiungere Vóthonas basta percorrere la stradina in cemento segnalata e per nulla trafficata che parte dalla **! Taverna Kritikós** *(tutti i giorni dalle 12 | €),* la cui specialità è la carne alla brace. *Centro del paese, circa 6,5 km da Kamári*

## CANTINA ANTONÍOU ☼

(129 D4) (🕮 F6)

Fra tutte le aziende vinicole dell'isola, questa può vantare senz'altro la posizione più spettacolare, dal momento che è stata ricavata direttamente nelle pareti del cratere. I visitatori indipendenti possono degustare il vino sulla terrazza al limite del parcheggio e poi scendere di propria iniziativa la scalinata accanto all'edicola che conduce alle splendide cantine dai soffitti a volta scavate nella pietra pomice. *30 m a ovest della via principale che conduce da Firá a Mégalohóri, 150 m dal bivio per il porto di Athínios, 8 km da Kamári | tutti i giorni 9-21, chiuso nei giorni festivi | degustazione (3 bicchierini) €5*

### CANTINA BOUTÁRI (BOUTÁRI WINERY) (129 D3) (*𝄃 E6*)

L'azienda vinicola Boutári, la cui sede centrale si trova a Náoussa, nella Macedonia greca, è una delle più grandi di tutto il paese. Aspettatevi un trattamento individuale sia durante la visita sia nella degustazione. A questo pensa la mostra audiovisiva perfettamente allestita. *250 m a ovest della via principale da Pýrgos ad Akrotíri, tenere la destra dopo aver superato l'estremità meridionale del villaggio di Mégalohóri (segnalato), 10 km da Kamári | tutti i giorni 10-16, mag-set 10-18, gen-feb e giorni festivi chiuso | www.boutari.gr | degustazione (4 bicchierini) con visita guidata €5, mostra audiovisiva €1*

### CANTINA CANÁVA ROÚSSOS (129 E4) (*𝄃 G6*)

La cantina più antica dell'isola, fondata nel 1836, oggi è solo un museo e un'occasione romantica per una degustazione. La produzione è stata infatti spostata altrove, in un impianto più moderno. Qui, tuttavia, gli ospiti siedono sotto una vite rampicante tra pareti di lava e per accompagnare la degustazione possono ordinare un piatto di tipici stuzzichini locali *(paradosiakó santorinió piáto)*. *A sud ovest della strada da Kamári a Messariá, alla periferia di Mésa Goniá, sulla via che conduce alla chiesa della Panagía Episkopí, 4 km da Kamári | www.canavaroussos.gr | tutti i giorni 11-19 | degustazione (5 bicchierini) €5*

# LIBRI E FILM

**Le rive di un altro mare** – Un'avventura fantastica ambientata a Santorini e nei suoi fondali. Libro per ragazzi sostenitore di Greenpeace e vincitore del premio Le Agavi (Eugenio Nocerino, Rem 2008).

**I gatti del sole** – Scatti rubati in tre anni di appostamenti alle Cicladi, un album di tenere immagini dei felini che abitano le isole (Silvester Hans, Mursia 2003).

**Che ne sarà di noi** – Un gruppo di adolescenti italiani, nell'estate dopo la maturità, decide di intraprendere un viaggio alla ricerca di sé. Regia di Giovanni Ve-ronesi e cast di talentuosi giovani attori: Silvio Muccino, Violante Placido ed Elio Germano. Girato nel 2004 a Santorini.

**Mikro Eglima (Small crime)** – Nel 2008 il regista cipriota Chrístos Georgíou ha ambientato sulla piccola isola di Thirasía, di fronte a Santorini, un film apprezzato dalla critica. Epiche riprese del paesaggio insulare.

**Santorini Blue** – Matthew Panepinto racconta il viaggio da New York a Santorini di una coppia in crisi dopo un tradimento (2013).

Presse da vino in legno nel bel museo di Geórgios Koutsoyianópoulos

## CANTINA LAVA-KOUTSOYIANÓPOULOS
● **E MUSEO DEL VINO**
**(WINE MUSEUM)** (129 E3) (*G5*)

La più grande cantina privata di Santorini venne fondata nel lontano 1880. Il viticoltore Geórgios Koutsoyianópoulos ha trasformato l'antica cantina dal soffitto a volta della sua tenuta in un museo del vino. Qui si osservano, tra attrezzi e oggetti d'uso, vecchie pelli di capra rovesciate, utilizzate un tempo come otri per il trasporto del vino, botti da 3000 litri, diversi tipi di torchi e altri attrezzi per produrre il vino e distillare la grappa di vinaccia. Graziosi diorami e foto d'epoca illustrano la storia della viticoltura e della produzione del vino sull'isola negli ultimi ottant'anni. *30 m a est della strada da Kamári a Messariá (ben segnalato), 5 km da Kamári | www.volcanwines.gr | giu-ott tutti i giorni 10-19, apr/mag/nov tutti i giorni 10-17, dic-marzo lun-sab 9.30-14 |* visita al museo con degustazione (6 bicchierini) €6

## SÁNTOS WINES
(129 D3) (*F6*)

Santos Wines, l'unione delle cooperative vinicole di Santorini, fondata nel 1947, conta circa 1200 membri ed è alloggiata in un edificio piuttosto modesto ma che si trova in uno dei punti più belli sul bordo della caldera.

La sala riservata alle degustazioni, dove è possibile acquistare anche specialità gastronomiche greche, somiglia più a un supermercato che a una cantina e spesso è stracolma di turisti dei viaggi organizzati e crocieristi. *50 m a est della strada da Firá ad Akrotíri, presso il bivio per Pýrgos, 7,5 km da Kamári | www.santowines.gr | tutti i giorni 10-tramonto | degustazione per un bicchiere da 75 ml €1, visita guidata di 20 minuti €2, mostra audiovisiva di 12 minuti €2*

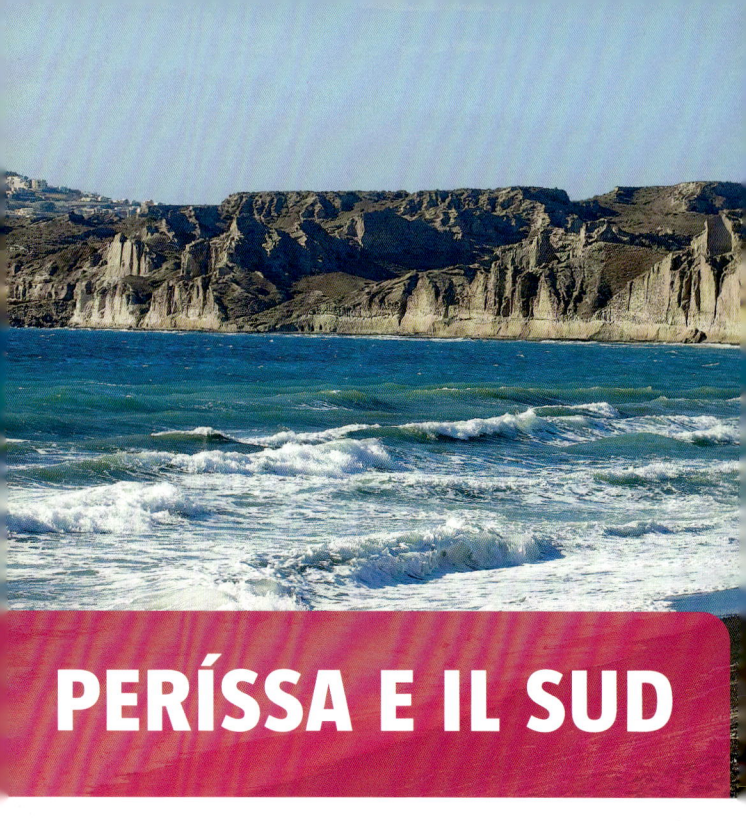

# PERÍSSA E IL SUD

Il sud dell'isola, tra Capo Akrotíri e il centro balneare di Períssa, non è ancora troppo urbanizzata e, soprattutto all'interno, è rimasto prevalentemente rurale. Nei dintorni di Emborió, il villaggio principale dell'entroterra, si trova la gran parte dei vecchi mulini a vento, ormai in rovina.

Il paesaggio perlopiù pianeggiante che si estende tra Akrotíri e il capo omonimo si rivela particolarmente adatto alla coltivazione dei legumi e alla viticoltura. Questa parte di Santorini appare ancora autentica e selvaggia e, grazie agli scavi dell'antica città di Akrotíri, risalente all'età del bronzo, può vantare uno dei siti archeologici più importanti di tutta la Grecia. Inoltre, il porto turistico e peschereccio di Vlihása è uno dei migliori

dell'isola. Tranne che a Períssa, in questa zona i grandi alberghi sono del tutto assenti. Ad Akrotíri si ha ancora modo di mangiare e soggiornare in un genuino ambiente rurale, godendo peraltro della vista sulla caldera.

## AKROTÍRI

(128 B5) (*☉ D7*) Il nome di questo villaggio interno (450 abitanti), situato all'estremità meridionale di Santorini, è conosciuto in tutto il mondo perché dal 1967 vengono riportate alla luce le rovine ben conservate di una delle più belle e ricche città della protostoria europea. L'insediamento antico, risalente a 3600 anni fa, si trovava in riva al mare, mentre

**Tra antichità e vita sociale: il sud vi aspetta con uno dei centri balneari preferiti dai giovani e i resti della città più antica d'Europa**

i ruderi, le case rupestri e gli altri edifici del paesino attuale sorgono su una serie di bassi colli e rilievi lavici tra il bordo della caldera e i vigneti dell'entroterra.

Il centro storico si è mantenuto pressoché intatto e lungo la sua via principale ci sono solo due ristoranti, un hotel, un autonoleggio, un chiosco, una pasticceria e due supermercati. Gli altri alberghi e locali si trovano fuori dal paese, a ridosso della caldera. Akrotíri è la destinazione ideale per chi intende soggiornare in un paesino tranquillo con la possibilità di

raggiungere una spiaggia in un quarto d'ora di cammino eppure essere a pochi minuti dal bordo del cratere.

**DA VEDERE**

### SITO ARCHEOLOGICO DI AKROTÍRI ★
(128 C5) (🗺 D7)

Anche se non siete appassionati di archeologia, una visita agli scavi della città più antica d'Europa è senz'altro da non perdere. A differenza del solito, in questo sito non si trovano solo muri di fonda-

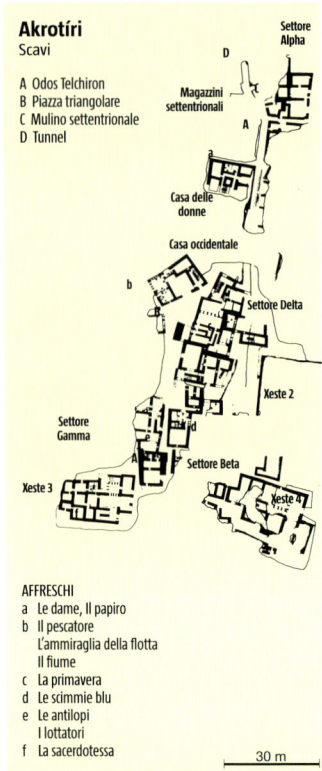

**Akrotíri**
Scavi

A Odos Telchiron
B Piazza triangolare
C Mulino settentrionale
D Tunnel

Settore
Alpha

D

Magazzini
settentrionali

A

Casa delle
donne

Casa occidentale

b

Settore Delta

Xeste 2

Settore
Gamma

Settore Beta

Xeste 3

Xeste 4

AFFRESCHI
a  Le dame, Il papiro
b  Il pescatore
   L'ammiraglia della flotta
   Il fiume
c  La primavera
d  Le scimmie blu
e  Le antilopi
   I lottatori
f  La sacerdotessa

30 m

struttura sociale e il livello organizzativo delle antiche civiltà cretesi. A Creta però le tracce di una vera città minoica sono state rinvenute solo in due siti: Gourniá e Palékastro, entrambi piuttosto modesti. Akrotíri sembrava essere invece una vera metropoli colma di ricchezze, situata a soli 110 km dalle coste cretesi.

Il professor Marinátos iniziò le ricerche in questo sito per tre motivi: in primo luogo, alcuni archeologi stranieri del XIX secolo vi avevano già rinvenuto alcune terrecotte, senza riuscire però ad attribuirle a un periodo storico preciso. In secondo luogo, questa parte dell'isola è la più vicina a Creta, per cui, ammesso che in epoca minoica esistesse una città a Santorini, con ogni probabilità doveva trovarsi più o meno qui. Il terzo motivo risiede nel fatto che in questa zona lo strato di pietra pomice è più sottile rispetto ad altre parti dell'isola, perciò anche da un punto di vista tecnico sarebbe stato più semplice procedere con i lavori. Già la prima campagna di scavi ottenne risultati soddisfacenti, ma Marinátos venne travolto dalla caduta di un muro nel sito e perse la vita. Nel 2005 si verificò un altro grave incidente: un turista britannico morì in seguito al crollo di una struttura di copertura volta a proteggere il sito. Anche se gli scavi proseguirono, l'area archeologica rimase chiusa al pubblico fino all'aprile del 2012. Il tetto è stato ora ricostruito e l'intera area messa in sicurezza.

La visita agli scavi segue un percorso prestabilito: per prima cosa si raggiungono due vicoli lungo i quali si ergevano diversi *edifici di due-quattro piani*, con alcune facciate conservate quasi per intero. Le parti in legno come *i telai delle finestre e delle porte* e i *rinforzi* che rendevano i muri più elastici e sicuri in caso di terremoto sono state sostituite dagli archeologi con del cemento dipinto, in modo

zione alti al massimo fino al ginocchio e qualche colonna per terra, ma facciate di case ben conservate e persino una piazzetta sulla quale basterebbe disporre un po' di sedie e tavolini per trasformarla nella piazza di un qualsiasi villaggio dei nostri giorni.

Prima che nel 1974 Spyrídon Marinátos desse inizio agli scavi di Akrotíri, si pensava fosse Creta l'unico centro politico e commerciale del Mar Egeo durante la prima metà del II secolo a.C. I palazzi cretesi di Cnosso, Festo, Mallia e Káto Zákros e gli altri edifici minoici disseminati sull'isola testimoniano infatti la complessa

Akrotíri: gli scavi sono protetti dalle intemperie e dai turisti invadenti

da simulare il materiale originario. In alcune stanze si ammirano diverse *giare di terracotta*, esposte così come sono state rinvenute. Molti edifici sono muniti di *scale* per salire ai piani superiori. Qua e là vedrete inoltre alcune *ancore di pietra*.

Le *tubature in terracotta* dimostrano poi come le case fossero servite da un sistema di canalizzazione pubblico. Osservando le facciate a più piani si nota che i vani ai piani inferiori erano in genere privi di finestre, poiché venivano utilizzati come

⭐ **Sito archeologico di Akrotíri**
Visitando gli scavi della più antica città d'Europa si riesce a immaginare come vivevano gli abitanti di Santorini 3500 anni fa → **p69**

⭐ **Ta Delfínia (The Dolphins)**
In questa moderna taverna di pesce sull'Akrotíri Beach trovate i crostacei più freschi dell'isola → **p72**

⭐ **Taverna Remézzo**
Questo ottimo ristorante di pesce nei pressi di Akrotíri fa accomodare i propri clienti in una magnifica terrazza con vista sulla caldera → **p74**

⭐ **Red Beach (Paralía Kókkini)**
Una scogliera verticale rossa scintillante dà il nome a questa spiaggia non lontana da Akrotíri, raggiungibile solo in barca o a piedi → **p74**

⭐ **Fáros**
Dall'estrema punta occidentale dell'isola, dove si ammira un panorama spettacolare, il faro indica la via alle navi dirette verso la caldera → **p75**

⭐ **Veggéra**
Un edificio neoclassico sulla spiaggia di Períssa dove si mangia e si pernotta comodamente e a prezzi convenienti → **p78**

**LE SCELTE MARCO POLO**

magazzini. Dove le aperture erano più grandi c'erano invece negozi e officine. Le stanze ai piani superiori erano provviste di finestre grandi più o meno quanto quelle degli edifici odierni. Almeno una stanza della casa era decorata da *pitture parietali*. Non è ancora chiaro se questi ambienti fossero riservati alla celebrazione dei culti religiosi oppure se anche quelli adibiti a semplice abitazione fossero decorati. Le loro riproduzioni sono

nobile famiglia veneziana, dal 2013 è sede di un'esposizione dedicata a uno strumento greco tradizionale che non si suona quasi più: la *tsamboúna*, simile a una cornamusa. Non solo qui potrete vederla esposta, ma anche sentirne il suono durante uno dei ● concerti che si tengono almeno una volta a settimana. *Museo tutti i giorni 10-14 e 17-20 | ingresso libero, concerti €7-12 | tel 22 86 08 53 74 | www.laponta.gr*

Lo sciabordio delle onde come musica di sottofondo: una *taverna* sulla spiaggia di Akrotíri

esposte nel Santozeum di Firá *(→ p39). A sud del villaggio di Akrotíri | apr-ott tutti i giorni 8-20, nov-marzo mar-dom 9-15 | ingresso €12*

### AKROTÍRI PAESE

Il nucleo più antico del paese è adagiato su un pendio appena a ovest dell'abitato moderno, sulla strada principale, dove si trova anche la fermata dell'autobus. Durante il tragitto che in cinque minuti conduce alla fortezza si incontra il piccolo *municipio* bianco e ocra. *Il castelletto fortificato*, fino al 1617 dimora di una

## MANGIARE E BERE

### TA DELFÍNIA (THE DOLPHINS) ★

Fra i sei ristoranti di pesce sul litorale di Akrotíri, Ta Delfínia è il più moderno e anche il più apprezzato dai greci. Tre tavolini sono disposti sulla banchina, molti altri sull'ampia terrazza. In una gabbia immersa nell'acqua vi sono le aragoste, almeno fino a quando non vengono ordinate da un cliente. *Circa 200 m a ovest del capolinea dell'autobus, sulla spiaggia di Akrotíri | tutti i giorni | €€€*

### MARÍA

Una taverna vecchio stile senza particolari ambizioni culinarie che propone piatti casalinghi tipici anche di altre isole. I formaggi e la carne di capra, maiale e coniglio provengono dalla fattoria di uno dei figli della proprietaria María. *Sulla via principale che attraversa il villaggio | tutti i giorni dalle 10 | €*

## SHOPPING

### ! I KALIA KARDIÁ 🌿

A Santorini le famiglie di contadini come quella di Michális Bélas sono sempre più rare. Nella loro bancarella la moglie Ánna e i cinque figli vendono solo prodotti coltivati nei propri campi, tra i quali deliziosi pomodori secchi, vino, piselli gialli, capperi, zafferano, olive, salvia e alloro. Il nome del banco, la cui insegna fatta a mano reca l'immagine di un cuore, vuol dire appunto "buon cuore". *Sulla via principale da Akrotíri paese al faro a sinistra, tra il bivio per Kámbia e quello per la Mésa Pigádia Beach*

## SPIAGGE

### AKROTÍRI (128 B5) (🗺 D7)

La spiaggia di ciottoli vicina agli scavi, lunga circa 350 m, non si rivela particolarmente adatta per fare il bagno, ma è perfetta per godersi un ottimo pasto a base di pesce in una delle sei *taverne* in riva al mare. Alcune, semplici e rustiche, sono gestite da anziani e parzialmente scavate nella lava. Altre hanno invece belle terrazze che danno direttamente sulla riva con cucine moderne. La 🔵 *Taverna Meliha's* comprende anche una galleria d'arte all'interno di una grotta di pietra pomice, dove l'oste espone le proprie sculture. Tra giugno e settembre dal piccolo molo antistante la *Taverna Stolídas (tutti i giorni | €)* proprio sulla spiaggia

partono più volte al giorno piccole imbarcazioni per la *White Beach* e la *Red Beach*. *1 km da Akrotíri paese*

### ALMYRÁ BEACH (128 C5) (🗺 E7-8)

Questa spiaggia di ciottoli lavici e sabbia a granelli grossi lunga circa 150 m non ha alcuna costruzione: sulla riva non c'è neppure un locale. Vicino alla piattaforma di cemento, situata alla sua estremità occidentale e un tempo adibita a molo d'attracco, è possibile immergersi in acqua senza difficoltà.

La vicina casa rupestre abbandonata ospitava un tempo una taverna di pesce molto amata da politici, funzionari e poliziotti, nonostante fosse sprovvista della necessaria licenza. Il suo ex gestore Márkos ha ora aperto a 400 m a monte della spiaggia, sul sentiero che collega la riva con la strada che corre da Mégalohóri ad Akrotíri, la *Taverna Captain Márkos (tutti i giorni | €€)*, che è forse la più autentica dell'isola. Purtroppo i clienti si lamentano sempre di più dei conti salati, per cui è consigliabile ordinare al massimo una bevanda rinfrescante chiedendo subito quanto costa. È un vero peccato, perché la posizione e l'atmosfera sono davvero uniche! *Sulla strada da Mégalohóri ad Akrotíri, 1,5 km a ovest di Akrotíri (segnalata solo se si proviene da Mégalohóri). 3,7 km a sud est di Akrotíri paese*

### CALDERA BEACH (APOTHÍKES) (128 B5) (🗺 D7)

Il nome greco della piccola spiaggia che si estende ai piedi delle pareti verticali della caldera vuol dire "magazzini". Fino alla metà del XX secolo gli abitanti del villaggio di Akrotíri utilizzavano infatti le sue grotte come rimesse e depositi in cui custodire reti da pesca e varie merci da imbarcare. Per raggiungere la spiaggia bisogna percorrere un sentiero piuttosto ripido che si diparte dalla via principale.

Il sentiero sbocca di fronte all'eccellente ⭐ *Taverna Remézzo (tutti i giorni | €€)*, che prepara ogni genere di pesce in modo sublime. Dalla terrazza avrete modo inoltre di ammirare alcune viti ormai seccate dalla forma quanto mai bizzarra: le piante sono cresciute strisciando sul terreno e sovrapponendosi le une alle altre, tanto che assomigliano a ceste di vimini intrecciato. Adiacente alla terrazza si trova l'unica spiaggia dell'isola affacciata direttamente sul cratere, la pietrosa Caldera Beach, lunga circa 100 m. La baia antistante è detta anche *Bálos Bay. Segnalata sulla strada da Mégalohóri ad Akrotíri, circa 200 m prima del bivio per il faro (fáros), 0,5 km da Akrotíri paese*

### KÁMBIA BEACH (128 B5) (⌖ D7-8)
Anche in pieno agosto sulla spiaggia di ciottoli di Kámbia ci sono soltanto una quarantina di sdraio sotto 20 ombrelloni. Una passerella rende più agevole l'entrata in acqua. La terrazza dello snack bar *Kámbia (tutti i giorni | €)*, coperta da una tettoia di canne, può ospitare al massimo 25 clienti. Il locale prepara piatti semplici quali *souvláki*, omelette e insalate. *2,4 km a sud della strada da Akrotíri al faro, facilmente raggiungibile tramite un sentiero segnalato percorribile anche in automobile o scooter, 4,3 km da Akrotíri paese*

### ! MÉSA PIGÁDIA (128 A5) (⌖ C7)
Mésa Pigádia è il nome di una zona ricoperta di vigneti fra la strada asfaltata per il faro e la costa meridionale. Un ampio sentiero segnalato conduce per 1,1 km dalla via principale alla costa, lungo la quale si estende una spiaggia di circa 500 m, in parte fiancheggiata da bianche scogliere di pietra pomice.
Al termine del sentiero la *Taverna Mésa Pigádia (tutti i giorni | €)* propone piatti di qualità serviti tra le pietre laviche raccolte

dal proprietario, simili a sculture modellate dalla natura. Rispetto ad altri ristoranti isolani i piatti di pesce sono relativamente economici e la proprietaria Valentína è una chef eccelsa che prepara una *moussaká* divina. *4,1 km da Akrotíri paese*

### RED BEACH (PARALÍA KÓKKINI) ⭐
(128 B5) (⌖ D7-8)
È forse la spiaggia più famosa di Santorini e per questo in estate fin troppo affollata, purtroppo. Ai piedi di una scogliera che riluce in tutte le sfumature del rosso, si estende per circa 200 m una spiaggia di ghiaia lavica scura sulla quale sono schierate legioni di sdraio e ombrelloni. Con un po' di attenzione riuscirete anche a entrare in acqua senza problemi e nella vicina *taverna* mangiare piatti semplici. La spiaggia può essere raggiunta in barca dall'Akrotíri Beach oppure camminando per un quarto d'ora lungo la costa dal parcheggio situato al termine della via secondaria che parte dagli scavi di Akrotíri. *2,2 km di strada da Akrotíri paese, poi 15 minuti a piedi*

### WHITE BEACH (PARALÍA ÁSPRI)
(128 B5) (⌖ D7)
La "Spiaggia Bianca", lunga circa 100 m, può essere raggiunta soltanto in barca dall'Akrotíri Beach. Deve il suo nome agli scogli di pietra pomice sullo sfondo, che appaiono particolarmente chiari. Sulla riva ci sono alcune decine di ombrelloni. Non c'è approdo: per raggiungere la spiaggia dalla barca occorre scendere in acqua.

## DOVE DORMIRE

### AKROTÍRI
Piccolo hotel sulla spiaggia con 20 camere e monolocali distribuiti tra l'edificio principale e alcuni semplici bungalow. Il sito archeologico è a circa 100 m di

distanza, il punto di attracco per le imbarcazioni dirette alla Red e alla White Beach a circa 200 m. La Red Beach può essere raggiunta anche in 20 minuti di cammino. *Presso il capolinea dell'autobus | tel 22 86 08 13 75 | www.hotelakrotiri.gr | €*

**BEST WESTERN PARADISE**

Questo piccolo complesso alberghiero in centro è immerso in un mare di gerani rossi. Le camere con i letti in muratura sono moderne e spaziose, ma cercate di evitare quelle che danno sulla strada. *20 camere | sulla via che attraversa il paese | tel 22 86 08 13 52 | www.hotelparadise.gr | €€*

**! VILLAGE MATHIÓS**

Hotel di proprietà famigliare, molto curato e con due piscine d'acqua dolce, vasca idromassaggio e una piccola zona fitness, a circa 200 m dal centro del paese e a 400 m dalla Caldera Beach. L'albergo ha una *taverna* che di sera propone cucina casalinga. Su internet si trovano sconti e pacchetti, ad esempio per coppie in viaggio di nozze. *52 camere | sulla strada da Firá ad Akrotíri, vicino al bivio per il faro | tel 22 86 08 11 52 | www.vmathios.gr | €€*

## NEI DINTORNI

**FÁROS ★ ● (128 A5) (C7)**

Sull'estrema punta sudoccidentale di Santorini, da 110 m d'altezza il faro indica la via alle navi dirette alla caldera. La strada per raggiungerlo è asfaltata e ben tenuta. Purtroppo non si può entrare nel faro, ma scendendo per sentieri tortuosi, al capo antistante si gode di un panorama incomparabile su tutta la caldera, nonché su Firá, Oía e sull'isola di Thirasía. L'ultimo ristorante prima di arrivare al faro, *! O Giorgáros,* è anche il più meridionale delle Cicladi. La famiglia dell'oste possiede tre pescherecci: specialità della casa è il *rock fish,* un piatto di pesciolini misti catturati di fronte alle coste laviche di Santorini. Rispetto ad altri locali isolani i prezzi sono davvero convenienti *(sulla via che costeggia il bordo del cratere in direzione del faro | 5 km a ovest di Akrotíri | tutti i giorni dalle 12 | (€)*

Il faro sulla punta sud ovest indica la via alle navi ed è una bella meta per una passeggiata

La cappella Panagía tis Katefiánis sopra Períssa, in suggestiva posizione

# PERÍSSA

**(129 E-F5) (㎞ G7) Períssa (500 abitanti) è la località balneare più importante di Santorini, dopo Kamári. Ma a differenza di quest'ultima, frequentata prevalentemente da turisti in vacanza organizzata, Períssa è la meta preferita dai giovani greci più trendy e amanti dell'avventura zaino in spalla.**
Non esiste un nucleo storico del paese, il profilo del paese è dominato dagli edifici moderni che si estendono a partire dalle ripide pendici del Mésa Vounó verso sud per 4 km lungo la spiaggia e ai lati della via principale per Emborió.

## DA VEDERE

### AGÍA IRÍNI

Le poche rovine della basilica paleocristiana di *Agía Iríni* (o Agía Eiríni), risalenti al V-VI secolo, testimoniano come Períssa fosse abitata sin dall'antichità. Sulla strada per Emborió, vicino alla *platía* del borgo, sono stati riportati alla luce anche i resti di alcuni muri. Essendo pericolanti, i ruderi della basilica non sono accessibili al pubblico. *30 m verso l'entroterra, all'estremità nord della spiaggia*

### PANAGÍA TIS KATEFIÁNIS ✼

La chiesetta bianca che si staglia sulle pareti rocciose del Mésa Vounó è visibile anche da Períssa, ma è sempre chiusa. Per raggiungerla prendete il sentiero che si inerpica verso gli scavi di Thera antica.

### TIMÍOU STAVROÚ

La chiesa del paese del XIX secolo si erge sulla *platía* e un tempo era parte integrante di un monastero. Sormontata da cinque cupole, è la seconda chiesa di Santorini in ordine di grandezza. *Aperta solo durante le funzioni religiose*

## MANGIARE E BERE

### ! GOD'S GARDEN

Il vicoletto circondato dal verde del "giardino di Dio" sbuca direttamente sulla strada principale: alla posizione infelice rimedia però con gustosi piatti della tradizione dell'isola a prezzi contenuti e con un servizio attento. Tra le specialità della casa ha spesso anche le lumache alla contadina, ricetta tipica di Santorini. *10 m a sinistra della strada principale per Emborió | tutti i giorni dalle 11 | €*

### LÁVA

Nella taverna con i tavoli all'ombra delle tamerici Ioánnis vi lascia entrare in cucina per dare un'occhiata alle pentole e prepara anche piatti prelibati per vegetariani. Vino della casa eccezionale. *Litoranea, 500 m a sud del campeggio | tutti i giorni | €*

### ! NTOMATÍNI

Una giovane coppia di coniugi reinterpreta in modo creativo tradizionali ricette greche, e soprattutto di Creta: da lì infatti vengono gli insaccati e il prosciutto affumicato. Il locale è noto anche per l'ottima zuppa di pesce con verdure fresche (da prenotare in anticipo). *Litoranea, tratto meridionale | www.ntomatini.com | tutti i giorni dalle 12 | €€*

### PÈRISSA PORTO CASTELLO

Questa taverna dall'atmosfera rilassata ha l'unico giardino pensile sulla litoranea e si rivolge al turista che non ha particolari pretese culinarie ma è attento al budget. Il menu turistico ha diverse proposte che costano poco, più alcune specialità libanesi. *Litoranea, limite nord | tutti i giorni dalle 10 | €-€€*

## SHOPPING

### TONYS ART GALLERY

Appena ha un po' di tempo libero Antónios Prékas, di professione carpentiere e albergatore, realizza originali collage raffiguranti i motivi tipici di Santorini utilizzando lava, pietra pomice e ceneri vulcaniche con i colori caratteristici

dell'isola assemblati su vecchi supporti in legno. *Sulla via principale per Emborió | tutti i giorni 21-23 | www.tonys.gr*

## SPIAGGE

Rispetto ad altre zone di Santorini, le spiagge formate da ghiaia e sabbia laviche situate tra Períssa e Vliháda appaiono particolarmente chiare e fini, il che rende l'ingresso in acqua più comodo.

### PERÍSSA BEACH

(129 E-F 5-6) (*(Ø) F-G 7-8*)

Questa spiaggia di fine sabbia lavica inizia ai piedi delle ripide pendici del Mésa Vounó a nord e si estende per oltre 5 km quasi fino al porto di Vliháda. Il tratto centrale del litorale è noto anche come *Perívolos Beach*, quello più vicino a Vliháda come *Vliháda Beach.* Nei pressi di Períssa e Perívolos c'è anche la possibilità di praticare diversi sport acquatici e di noleggiare sdraio e ombrelloni.

## DI SERA

### BOUNTY

Beach bar dall'atmosfera accogliente anche prima del tramonto. *Sulla litoranea all'altezza del campeggio*

### FULL MOON BAR

Piccolo music bar molto frequentato, dove in genere di sera si può anche ballare. A volte c'è qualche spettacolo di musica live. *Sulla platía*

### ! YAYA

Questo caffè e discoteca si trova all'interno di una ex fabbrica di conserve di pomodoro. A seconda del meteo e dell'ora si balla all'aperto oppure al chiuso. *Sulla via litoranea, presso la Perívolos Beach | lug-ago tutti i giorni, durante il resto dell'anno solo nei weekend*

### YAZZ

Beach bar all'ombra delle tamerici, aperto anche di giorno. Come lascia intendere il nome, il sottofondo è quasi sempre di musica jazz. *Sulla litoranea, nei pressi del campeggio*

## DOVE DORMIRE

### MELTÉMI VILLAGE

Complesso alberghiero con un bel giardino, piscina d'acqua dolce con vasca per bambini, bar a bordo piscina. A 200 m dalla spiaggia e a 700 m dal centro. *56 camere | sulla strada da Emborió a Períssa | tel 22 86 08 13 25 | www.meltemivillage.com | €€*

### RÉNA

Alberghetto semplice con piscina, a circa 90 m dalla spiaggia. Adatto a chi vuol spendere poco. *27 camere | non lontano dalla litoranea, dietro la Taverna Láva | tel 22 86 08 13 16 | €*

### VASSILIS ROOMS THE BEST

Miniappartamenti per due-sei persone arredati con gusto nello stile tipico dell'isola, con piscina. *7 camere | a destra della strada da Emborió a Períssa, a circa 300 m dal centro e a 50 m dalla spiaggia | tel 22 86 08 17 39 | www.thebest-santorini.com | €€*

### VEGGÉRA ⭐

La reception e il ristorante con un menu economico a pranzo si trovano in uno splendido edificio neoclassico. Sul retro le camere tranquille occupano casette a due piani con i soffitti a volta tipici dell'isola. Due piscine, una per bambini, vasca idromassaggio e sauna. *73 camere | Litoranea in direzione di Perívolos, a 400 m dalla fermata dell'autobus | tel 22 86 08 20 60 | www.veggera.com | €€-€€€*

## CAMPEGGI

Direttamente sulla litoranea e quindi in posizione comoda alla spiaggia: il campeggio è pulito e ombreggiato, con impianti sanitari piuttosto semplici. Postazioni internet presso la reception, cucina comune, allacci elettrici. Trasferimento gratuito da e per il porto di Athínios.

# PLATONE E IL MITO DI ATLANTIDE

È da quando Platone (V secolo a.C.), nel *Timeo* e nel *Crizia*, scrisse di un'isola leggendaria chiamata Atlantide, colma di ricchezze e scomparsa molto tempo prima della sua epoca, che ci si chiede dove mai si trovasse. Alcuni hanno ipotizzato che l'isola di Helgoland facesse parte di quel regno potente, altri l'hanno localizzata in una delle Azzorre o delle Canarie o nell'attuale Palestina. Fra le teorie più accreditate figura quella secondo cui la mitica isola fosse in realtà Santorini. In effetti, l'isola di cui parla Platone era scomparsa da lungo tempo in seguito a un'eruzione vulcanica. L'unico punto debole di questa teoria è che, secondo le indicazioni del filosofo greco, Atlantide si trovava al di là delle Colonne d'Ercole, ovvero oltre lo Stretto di Gibilterra. Tra l'altro nessuno sa dove Platone avesse raccolto queste informazioni. Le aveva tratte dalla narrazione di un'antica leggenda, oppure aveva inventato l'esistenza di questa mitica civiltà e del suo tramonto per motivi didattici?

Accesso al *kastéli* di Emborió, l'antico borgo fortificato

Essendo vicino ai bar e ai music club della litoranea, di notte è molto rumoroso. *Giu-inizio ott | tel 22 86 08 13 43*

### THERA ANTICA ✻

(129 F5) (🕮 G7)

Per raggiungere Thera antica *(→ p52)* da Teríssa potrete procedere a piedi per 60-80 minuti sul sentiero che si diparte dalla strada asfaltata che corre dall'e-stremità settentrionale della spiaggia verso l'interno.

### ! EMBORIÓ

(129 D-E5) (🕮 F7)

Emborió (anche Emporio o Emporeio) è uno dei villaggi (1770 abitanti) più interessanti dell'entroterra di Santorini. Con un po' di fantasia qui si riesce a im-maginare quale fosse l'aspetto dei borghi isolani in epoca medievale, e per di più si possono ammirare pregevoli forme dell'architettura cicladica per una volta diverse da quelle tipiche degli edifici che sorgono nelle valli di erosione dell'inter-no e sul bordo della caldera. Una sosta di due ore è più che sufficiente per farsi un'idea, anche perché nel centro storico non vi sono caffè né *taverne*.

Gli autobus di linea che collegano Firá e Períssa fermano sulla piazza princi-pale del paese, dove è anche possibile parcheggiare. Alcuni alberi di eucalipto forniscono un po' di ombra. L'ideale è innanzitutto dare le spalle alla strada e fermarsi davanti al parco giochi vicino all'edicola, in modo da potersi orientare. Da questa posizione, guardando avan-ti sulla sinistra, a una distanza di circa 300 m, sul declivio ai margini del vil-laggio si vede un'imponente torre qua-drangolare, la *Pýrgos Goúlas*. Durante il Medioevo in queste costruzioni simili a fortezze vivevano le famiglie più abbienti: in caso di incursione dei pirati anche gli altri abitanti del borgo potevano trovarvi rifugio *(non è possibile accedere all'interno).*

Volgendo lo sguardo verso destra si scorge il punto più alto del paese, meta di una bella passeggiata attraverso vicoli e vicoletti. All'angolo sudoccidentale della piazza un'insegna azzurra con la scritta "Traditional Area" indica la strada. Dopo aver superato la scuola elementare (a destra) e la chiesa principale (a sinistra) proseguite in salita su un'ampia via che termina davanti a una villa neoclassica. A questo punto si procede sulla destra, e dopo 100 m vi troverete di fronte alla *chiesa di Ágios Spyrídonas* con la sua cupola azzurra. Ai lati del portale centrale si trovano due altari ellenistici con teste di toro in rilievo. Quello a destra è stato convertito in un fonte battesimale.

Dopo esservi lasciati alle spalle il cortile della chiesa, inoltratevi nel vicoletto a destra che conduce al piccolo *campanile*, a circa 20 m di distanza. Continuate a salire camminando accanto all'abside della chiesetta e, una volta giunti al contatore con il numero 03 350 ben leggibile, svoltate di nuovo a destra per poi imboccare il vicoletto buio che passa sotto un edificio medievale: si tratta di una delle *porte dell'antico borgo.* Il vicolo conduce a un'altra chiesa con un campanile a quattro ordini di arcate, la *Panagía Kalís.* Ora siete proprio al centro di questo villaggio secolare.

Si prosegue quindi in discesa sul lato sud (ovvero a destra) della chiesa. Un altro passaggio sormontato da un edificio conduce fuori dal dedalo di viuzze del quartiere Kástro. A questo punto è evidente che cosa caratterizza i borghi medievali delle Cicladi risalenti all'epoca della dominazione veneziana: le pareti delle case situate intorno al centro sono quasi del tutto prive di finestre poiché fungevano da mura di cinta.

Sulla via per Firá, di fronte all'insegna che indica l'arrivo a Emborió, gli appassionati di storia dell'arte osserveranno una vera chicca: la piccola *chiesa di Ágios Nikólaos Marmarítis* che, come è facile notare, fu eretta sui resti di un tempio del III secolo a.C. Grande solo 3 x 4,5 m, con le pareti prive di intonaco, è del tutto sprovvista di colonne. I muri esterni sono composti da sei file di grandi blocchi di marmo, mentre il portale tripartito è sormontato da un timpano *(non è possibile accedere all'interno). 3 km da Períssa*

## LOW BUDG€T

La barca da Períssa fino alla *Red Beach* costa circa €16 (andata e ritorno). Se non vi dispiace una deviazione, l'autobus da Períssa passa per Firá e Akrotíri, dove c'è una barca per la Red Beach: si risparmiano circa €3 e si passa anche per la *White Beach*.

Se siete disposti ad accontentarvi di un letto in camerata, lo *Youth Hostel Anna* di Períssa, con deposito bagagli e noleggio biciclette, è il posto che fa per voi (a seconda della stagione, posto letto da €6 a €18). *Fermata dell'autobus: Ágios Antónios | sulla via principale per Emborió | tel 22 86 08 21 82 | www.hostelworld.com*

### ! PERÍVOLOS (129 E6) *(F-G8)*

Períssa trapassa senza soluzione di continuità nel centro turistico di Perívolos. Grazie alle ampie spiagge di sabbia fine, il lungomare è diventato "il miglio delle *taverne* e dei beachclub" di Santorini, battuto soprattutto dai greci che vogliono farsi vedere. In spiaggia non si viene per costruire castelli di sabbia ma relazioni, si beve champagne, non acqua minerale,

Il porto peschereccio di Vlیháda si affaccia su una linea costiera in pietra pomice

invece che su semplici sedie a sdraio ci si allunga su divanetti alla moda e il beach volley fa parte dei programmi del tardo pomeriggio. Al più tardi al tramonto, è d'obbligo incontrarsi nel locale di tendenza sul lungomare ● *Sea Side by Notos (www.seaside-restaurant.gr | €€€)*, a patto di poterselo permettere. Questo lounge bar sulla spiaggia vizia i propri clienti sin dall'ora della prima colazione, a pranzo serve snack leggeri e a cena raffinatissima cucina fusion. Il menu potrebbe anche comprendere risotto al nero di seppia con foglia d'oro e la purea di piselli gialli tipica di Santorini *(fáva)* accompagnata da un'originale mousse di trota. Di giorno il sottofondo musicale è costituito principalmente da funky, jazz, ethnic e world music, di sera anche da rock greco.

## VLIHÁDA (129 D6) (*ⵕ E8*)

Dal 1997 Vlیháda dispone del migliore porto peschereccio e turistico dell'isola. Nel punto in cui la strada lo raggiunge si ergono ancora le ciminiere e i capannoni di due fabbriche di conserve di pomodoro dismesse da tempo. Da qui inizia una spiaggia lavica grigia che si estende per circa 600 m ai piedi delle basse coste di pietra pomice in direzione di Akrotíri: un colpo d'occhio notevole. Potrete anche noleggiare sdraio e ombrelloni.

Particolarmente piacevole la posizione della ⚜ *Taverna Vliháda-Dimítris (tutti i giorni | €€)* un po' sopraelevata sul bordo della ripida scogliera proprio sopra il porto, lungo la strada per Períssa. Oltre al pesce sempre fresco, il proprietario Dimítrios Drósos serve anche piatti al forno o in padella. Da assaggiare assolutamente la delicata *htapódi saláta* (insalata di polpo). Nella casa dietro, *Stella Rooms (Tel 22 86 08 25 32 | www. vlichada-dimitris.gr | €)* offre una piccola piscina e 16 camere moderne, alcune con vista mare. *7 km da Períssa*

# OÍA E IL NORD

Oía somiglia per certi versi a Firá. Anche qui molte case si ergono sul bordo del cratere, mentre altre sono scavate direttamente nelle sue pareti. Al pari del capoluogo, inoltre, Oía subì seri danni a causa del terremoto del 9 luglio 1956 e risorse dalle ceneri e dalle macerie solo dopo il 1970 grazie allo sviluppo del turismo.

D'altro canto, a differenza di quanto avviene a Firá, l'estremità settentrionale del paese non dà solo sulla caldera, ma anche sul mare aperto. Nel nucleo centrale della località sulla punta nordoccidentale dell'isola si distinguono due quartieri molto diversi tra loro: le ville neoclassiche degli ex capitani e armatori, lontane dalla caldera, e le case scavate nella roccia, affacciate su di essa, dove un tempo risiedevano i marinai e i contadini: sono proprio queste ad essersi trasformate nelle strutture ricettive più costose dell'isola.

## OÍA

### CARTINA NEL RISVOLTO DI COPERTINA (126 C2) (C-D2)

Allo stesso modo di Firá, Oía (1000 abitanti) forma oggi un tutt'uno con i vicini sobborghi di Finíkia e Perívolos, un tempo comunità autonome situate anch'esse sul bordo del cratere, e segue i pendii che digradano sul lato occidentale dell'isola fino a Thólos. Soprattutto sul lato rivolto verso la caldera, sono sorti alberghi e residence, e

**Nota per i suoi meravigliosi tramonti, Oía è bella quanto Firá, ma più tranquilla e con incantevoli spiagge nei dintorni**

lungo la via che costeggia il dirupo si susseguono negozi, caffè e *taverne* a non finire. Ciò che rende Oía più tranquilla rispetto a Firá è la quasi totale assenza dei turisti da crociera.

Solo nel tardo pomeriggio giungono visitatori da ogni parte dell'isola per ammirare il tramonto. Pare infatti, come sostengono le agenzie di viaggio, che osservato da qui sia molto più spettacolare che altrove. Il nome del borgo, ad ogni modo, si pronuncia "Ía", e non "Oía", come vi capiterà spesso di sentire.

## DA VEDERE

### AMMOÚDI ★ ●

Il porticciolo di Ammoúdi si affaccia sul mare aperto e può essere raggiunto sia a piedi grazie a una scalinata di circa 300 gradini, sia in automobile su una strada asfaltata. Sulla banchina hanno aperto i battenti diverse *taverne* che offrono pesce appena pescato. Dai tavolini di questi locali si gode di una romantica veduta sulle barche ormeggiate e sull'isola di Íos in lontananza. Un sentiero di circa

Ammoúdi: uno di questi bei polpi sta per atterrare sul tavolo di un cliente

250 m dalle *taverne* conduce verso sud fino al *Capo Ágios Nikólaos*, di fronte all'omonima *isoletta*, sulla quale si erge una cappella. Poiché l'isola si trova solo a 15 m dalla costa, i più temerari potranno raggiungerla a nuoto (è consigliabile indossare scarpette da bagno). La scalinata che scende al porto di Ammoúdi inizia a nord del Castello di Lóndsa.

### ARMÉNI

Come testimoniano anche le foto esposte nel Museo Navale di Oía, fino al terremoto del 1956 nel porticciolo di Arméni venivano costruiti pescherecci di legno, detti *kaikis*, e piccoli mercantili a vela. Oggi vi approdano soprattutto i battelli su cui salgono i turisti per fare il giro della caldera. Solo un piccolo cantiere navale che esegue riparazioni di modesta entità è ancora in funzione. Prima di risalire al paese potrete ritemprarvi in una piccola e semplice *taverna*.

La scalinata che in 15-20 minuti di cammino conduce al porto inizia più o meno a metà della via che costeggia il bordo del cratere. In alta stagione è possibile scendere verso il litorale anche a dorso d'asino *(circa €8)*.

### CASTELLO DI LÓNDSA ⭐ ☼

Uno dei panorami più belli di Santorini è quello che si gode dalle rovine del castello appena fuori Oía. Da qui ammirerete non solo buona parte del cratere e del borgo, ma anche le vicine isole di Íos e Folégandros, e quando è bel tempo persino quella di Síkinos. Nel Medioevo la fortezza era dimora della nobile famiglia veneziana degli Argýri, ma già nel XIX secolo il castello era ridotto in rovina. Oggi l'hanno "riattrezzato" come terrazza panoramica e risulta iperaffollato soprattutto all'imbrunire, quando tutti vogliono godere dello spettacolo del tramonto. *Ingresso libero*

## MUSEO DEGLI STRUMENTI MUSICALI ANTICHI

Sulla base di antichi affreschi e libri illustrati, un esperto di musica antica e bizantina ha ricostruito una serie di strumenti musicali d'epoca da cui si riesce anche a trarre qualche nota. Oltre alle riproduzioni e ad alcune prove audio, sono esposti modelli originali in grande formato. *Sulla via che costeggia il bordo del cratere, nel vecchio municipio | orari irregolari | ingresso €3*

## CHIESA DELLA PANAGÍA

La chiesa principale del villaggio sorge in una piazzetta tra la via che costeggia il bordo del cratere e l'autostazione. L'interno è rivestito di affreschi contemporanei che seguono il tradizionale stile bizantino. *In genere aperta di mattina e nel tardo pomeriggio*

## MUSEO NAVALE

Questo piccolo museo all'interno di una bella villa neoclassica merita una visita solo se siete interessati alla materia. Su due piani sono esposti modelli di imbarcazioni e apparecchiature nautiche un tempo appartenenti agli armatori dell'isola e diverse foto d'epoca che ritraggono la cittadina di Oía come appariva prima del terremoto del 1956. Tra gli oggetti esposti spicca la polena lignea di un veliero risalente a oltre 250 anni fa, il cui porto di riferimento era quello di Oía, decorata con una donna dall'ampio décolleté, con uno dei seni quasi scoperto. *Sulla via che costeggia il bordo del cratere (segnalato) | apr-metà nov mer-lun 10-14 e 17-20 | ingresso €3*

## MANGIARE E BERE

### 1800

Ristorante raffinato all'interno di una casa da armatore antica di due secoli, con una piccola terrazza senza vista sulla caldera. Piatti mediterranei classici, tra cui filetto d'agnello in salsa di vino rosso, pomodori e rosmarino. Vini e champagne di prima scelta. È consigliabile prenotare. *Sul lato verso l'entroterra della via che costeggia il bordo del cratere | tel 22 86 07 14 85 | www.oia-1800.com | tutti i giorni dalle 18 | €€€*

### ! ALKYONA

Questa taverna poco appariscente si trova sulla strada più trafficata del paese, ma vale la pena farci un salto per i piatti di cucina casalinga che la famiglia proprietaria che lo gestisce prepara ai suoi ospiti. Di mattina potrete osservare la padrona mentre farcisce le foglie di vite. *Poco prima del parcheggio principale | tutti i giorni | €*

---

## LE SCELTE MARCO POLO

★ **Ammoúdi**
Uno dei luoghi più pittoreschi dell'isola sia di giorno che di notte → **p83**

★ **Castello di Lóndsa**
Magnifico punto panoramico → **p84**

★ **Melénio**
Un piacere per gli occhi e per il palato → **p86**

★ **Baxédes Beach**
Una lunga spiaggia dove regna la tranquillità → **p88**

★ **Santorini Premium Spa**
Benessere e relax per lui e per lei al centro del villaggio, sul bordo del cratere
→ **p90**

### AMBRÓSIA �

È uno dei più raffinati ristoranti dell'isola, dove un semplice piatto di *fáva* costa la bellezza di €13. Gli interni sono arredati con pezzi di antiquariato, mentre sulle terrazze con vista sulla caldera si cena a lume di candela. Cucina mediterranea creativa. È consigliabile prenotare. *Via che costeggia il bordo del cratere, lato mare | tel 22 86 07 14 13 e 66 93 70 87 11 | tutti i giorni dalle 19 |* €€€

### FINÍKIA

L'elemento qualificante di questa taverna è il forno alimentato a legna dove vengono cotti sia il pane sia molte specialità, tra i quali l'agnello farcito con patate, i fagottini di pasta fillo ripieni di carne e le *baklavá* (tipici dolci orientali). Eccezionali anche i frutti di mare al vino bianco e il tacchino con i fichi. *Finíkia, sulla via principale | tutti i giorni |* €€€

### KATÍNA

Una delle tre *taverne* di pesce nel porto più bello di Santorini è questa gestita dalla signora Katína dalle molte primavere, aiutata dai suoi tre figli. Pesce e frutti di mare sono i piatti più richiesti, accompagnati da un ottimo vino della casa prodotto sull'isola. *Ammoúdi | tutti i giorni |* €€€

### ! KÓKKINO PODÍLATO ✸

Dalla terrazza del caffè "La bicicletta rossa" non si vede la folla pigiarsi sulla via che costeggia il cratere perché lo sguardo è libero di spaziare sul litorale della caldera fino al faro situato all'estremità sud. Non potreste godere di maggiore relax e in più i drink sono mixati ad arte. *Vicino al limite nord della via che costeggia il bordo del cratere | tutti i giorni |* €€

### MELÉNIO ★ ✸

Questa pasticceria offre una vastissima scelta di torte e dolci europei e alcune specialità orientali tra cui *baklavá* e *kataífi*. *Via che costeggia il bordo del cratere, lato mare*

### METEOR

I pezzi di antiquariato che adornano la terrazza e gli interni di questo edificio neoclassico sono anch'essi in vendita. Dalla terrazza la caldera non si vede, ma

## IN UN SOLO MINUTO

Era il 1956 e Santorini aveva problemi a bizzeffe: la guerra civile greca, scoppiata subito dopo la conclusione del secondo conflitto mondiale, era terminata da appena sette anni, nel 1949; gli abitanti avevano sofferto a lungo la fame durante le due guerre e l'isola era in miseria.

Fu in quella situazione che alle 5.30 di mattina del 9 luglio 1956 la terra iniziò a tremare. I sismografi registrarono una scossa di 7,8 gradi della scala Richter e in un solo minuto il terremoto distrusse il 40% delle case, mietendo 50 vittime. Particolarmente colpiti furono Oía e Firá, situati sul bordo del cratere. Nelle 24 ore successive furono registrate altre 250 scosse che fecero crollare in mare parte delle pareti del cratere. Migliaia di abitanti abbandonarono l'isola e molti non vi hanno più fatto ritorno. Santorini iniziò a riprendersi dallo choc solo a partire dagli anni '70 grazie allo sviluppo del turismo.

Come su un palco: le terrazze del caffè Meteor, arredato con mobili d'antiquariato

in compenso potete divertirvi a osservare il passeggio. Gli amanti della birra apprezzeranno senz'altro le birre artigianali, una rara pils e una birra di frumento prodotta in un microbirrificio di Atene. *Via che costeggia il bordo del cratere, tratto nord | tutti i giorni | €€€*

### SANTORÍNI MOU
"Santorini mia" è il nome altisonante di questa taverna sulla via principale di Finíkia (che, tra l'altro, significa "palme"). Ci si accomoda tra i fiori della graziosa terrazza-giardino e si degustano ottimi piatti di cucina casalinga greca. Non di rado dopo le 22 si ascolta musica greca live. *Tutti i giorni dalle 18.30 | €€*

## SHOPPING

### OÍA'S WEAVING MILL
In questo piccolo laboratorio tradizionale di tessitura a mano troverete articoli senza grosse pretese estetiche ma molto resistenti. *A valle della via che costeggia il bordo del cratere e del municipio (segnalato) | lun-ven 7.30-15*

### ORGANIC BEAUTY 🌀
Come lascia presagire il profumo che si respira sin dall'ingresso, questo negozio vende cosmetici naturali. La maggior parte degli articoli sono a base di miele e olio d'oliva. L'assortimento comprende inoltre alcune riproduzioni di gioielli antichi e bizantini. *Via che costeggia il bordo del cratere, di fronte al ristorante 1800*

### STUDIO ART GALLERY OIA
Gli acquerelli del pittore greco Sivridákis, spesso presente in galleria, raffigurano soprattutto i motivi caratteristici dell'isola. In vendita anche stampe più economiche o cartoline. *Via che costeggia il bordo del cratere, tra il municipio e il Castello di Lóndsa*

The Wave: flaconi e borsette di vetro, dove i blu e i verdi brillano come le onde del mare

! THE WAVE (TO KÝMA)

L'artista del vetro Uschi Schmid, bavarese ma da anni residente a Santorini, realizza piccoli capolavori in vetro stratificato, tra cui borsette, velieri e casette in stile cicladico. Parte dei proventi della vendita degli originali preservativi in vetro sono devoluti alla lotta contro l'Aids, mentre quelli della vendita degli animaletti a un'associazione animalista locale. L'artista crea inoltre gioielli di lava e si intrattiene volentieri con i clienti dando utili consigli. *Via che costeggia il bordo del cratere, presso l'accesso all'Arméni Beach*

## SPIAGGE

Oía non è una località balneare, ma gli amanti del mare disposti a camminare per una trentina di minuti per raggiungere una spiaggia o che si possono permettere di noleggiare un mezzo per tutta la durata della vacanza, possono prendere in considerazione l'idea di soggiornare in paese.

### BAXÉDES BEACH ★ ☆
**(127 D-E1)** *(᠗ D1)*

Spiaggia di ciottoli e ghiaietta lavica lunga quasi 3 km ai piedi di chiare pareti di pietra pomice affacciate sull'Egeo. Si estende da Capo Mavrópetra a nord fino a Capo Koloúmbos a sud, è ancora poco sfruttata e concede un'ampia prospettiva sul mare aperto. Solo in pochi punti ci sono alcune *taverne* e un paio di pensioni sulla scogliera o sul lato interno della strada costiera. Il tratto centrale del litorale è chiamato anche *Parádissos Beach*, quello orientale *Koloúmbos Beach*. Non vi è alcuna possibilità di noleggiare sdraio e ombrelloni né di praticare sport acquatici.

In alta stagione un autobus transita più volte al giorno tra Oía e la spiaggia. *3,5-7 km dal capolinea dell'autobus a Oía*

### KATHARÓS BEACH
(126 C2) (*M C1-2*)

Dalla strada tra Oía e Ammoúdi si diparte verso destra un viottolo di campagna lungo circa 200 m. Quando termina dovrete ancora scendere a piedi per una trentina di metri su un sentiero per raggiungere questa striscia sottile di scura ghiaia lavica, lunga circa 80 m. Tranne che in alta stagione, il litorale è quasi sempre deserto, e non vi è alcuna possibilità di noleggiare sdraio e ombrelloni. Trovate un po' di ombra solo sotto le scogliere. In piena estate apre giusto sopra la spiaggia il beach bar *Kátharos Lounge*, la cui terrazza circondata da spettacolari formazioni di lava e pietra pomice è coperta di vele.

### PORÍ BEACH
(127 E2) (*M E1-2*)

La scura spiaggia di ghiaia lavica lunga 1400 m di fronte alla bassa scogliera a picco è quasi deserta, eccetto luglio e agosto. Non è possibile noleggiare sdraio e ombrelloni e neppure arrivarci con l'autobus. *6,5 km da Oía*

## DOVE DORMIRE

### 1864 KAPETANÓSPITO

Le tre suite in una "casa del capitano" del 1864 sul bordo del cratere offrono intimità e lusso. Gli interni sono arredati con mobili d'epoca e opere d'arte e sono provvisti di connessione internet. A disposizione degli ospiti sarong da spiaggia e un catamarano a bordo del quale perlustrare la caldera, il brunch è servito fino a pomeriggio inoltrato. L'hotel può organizzare anche massaggi e trattamenti benessere direttamente sulla propria terrazza. *Lungo il tratto centrale della via che costeggia il bordo del cratere | tel 22 86 07 19 83 | www.sea-captains-house. com | €€€*

### ANEMÓMILOS

Questo hotel sulla via che costeggia il bordo del cratere, ma dal lato rivolto verso l'entroterra, è ancora uno dei pochi relativamente economici di Oía. È una vera e propria impresa famigliare, in cui vengono affittati 13 appartamenti e due ville. Del piccolo complesso fanno parte anche una piscina e un ristorante. *Sulla strada per Firá, circa 1 km dal centro | tel 22 86 07 14 10 | www.anemomilos. com | €€*

## LOW BUDGET

Nella pretenziosa Oía i posti più economici in cui mangiare sono le griglierie *Thomas Grill e I Platía* vicino al capolinea dell'autobus. Con i suoi piatti principali da €7-9,50, anche *Blue Sky*, nel vicolo pedonale fra l'autostazione e il bordo del cratere, si rivela conveniente.

Se desiderate vedere qualcosa di più dell'isola senza spendere quasi nulla, salite sugli autobus di linea che collegano Oía a Firá costeggiando la Baxédes Beach e il litorale orientale, invece di percorrere la strada che si inerpica sul bordo del cratere. Con solo €1,80 potrete ammirare così alcune parti di Santorini senza dover noleggiare alcun mezzo. Gli autobus partono da Oía intorno alle 7.20, 9.45, 13, 14.30 e 18.30. Ricordatevi di chiedere all'autista se si passa per Baxédes (pronuncia: Bahédes).

Che vista! Gli Art-Maisons-Aspáki-Apartments si trovano nel punto più alto di Oía

### ART MAISONS – ASPÁKI ✺

In questa casa indipendente proprio sul bordo della caldera sono a disposizione su tre piani quattro appartamenti di lusso, ognuno identificato da un nome. I due appartamenti per due persone si possono unire, l'appartamento "Atmosphérico" al piano di mezzo può ospitare fino a sei persone. La suite ! "Endless Blue" al piano superiore è ideale per le coppie: nella sua ampia veranda si può utilizzare la vasca idromassaggio all'aperto godendo di una vista incantevole. I caminetti e l'aria condizionata rendono gli appartamenti molto confortevoli in qualsiasi stagione dell'anno. I bambini sotto i 12 anni non sono i benvenuti. *Via che costeggia il bordo del cratere | tel 22 86 07 18 31 | www. artmaisons.gr | €€€*

### MUSEUM

Lussuoso albergo con nove monolocali e appartamenti in una vecchia casa di un capitano restaurata con cura, un tempo adibita a museo navale. In passato vi pernottarono persino il primo re di Grecia Ottone I di Wittelsbach e la consorte Amalia di Oldenburg.
L'hotel vanta oggi la spa più esclusiva dell'isola, aperta anche a chi non è ospite dell'albergo: la ⭐ *Santorini Premium Spa (tutti i giorni 11-21 | www.santorini-spa.net)*. Lo slogan pubblicitario coniato per la struttura "un angolo di cielo sulla terra" ha il suo perché: l'atmosfera è piacevole e di massimo relax, il personale poliglotta e internazionale.
Tutto ciò, naturalmente, ha un prezzo: un massaggio a quattro mani di un'ora per due persone (con pranzo in piscina) costa €200. Stesso prezzo per un pacchetto di 130 minuti per una persona con bagno di Cleopatra, massaggio a quattro mani e pranzo nella spa. *Via che costeggia il bordo del cratere | tel 22 86 07 14 06 | www.hotelmuseum.net | €€€*

di scogliere di lava scura ricorda il porto dell'isola vulcanica di Pico, nell'arcipelago delle Azzorre. La spiaggia è una delle meno affollate di Santorini. *8 km dal capolinea dell'autobus a Oía*

### SIGÁLAS WINE FACTORY
(127 D1) *(m D2)*

Prima di iniziare a dedicarsi, nel 1991, alla viticoltura biologica, Páris Sigálas insegnava matematica. Ora coltiva le proprie viti su un campo di 7 ettari e offre una ricompensa ai viticoltori che convertono i propri vigneti all'agricoltura biologica per poi consegnargli i frutti della loro vendemmia. Ogni anno la sua cantina produce circa 75.000 bottiglie. Poiché è raro che la tenuta venga raggiunta da pullman carichi di gitanti, potrete accomodarvi in tutta tranquillità fra le viti che crescono sulla terrazza riservata alle degustazioni e godere di una magnifica vista sull'Egeo. *1450 m a valle della strada tra Oía e Firá (cartello sulla via principale di Finíkia), 3 km dal capolinea dell'autobus a Oía | www.sigalas-wine.com | apr, ott e nov lun-ven 10-19, sab-dom 11-19, mag, set lun-ven 10-20, sab-dom 11-20, giu-ago lun-ven 10-21.30, sab-dom 11-21.30*

### THIRASÍA (126 A-B 2-5) *(m A-C 2-4)*

Dal porto di Arméni a Oía ogni giorno partono diversi ● traghetti per trasporto persone per i moli di Ríva sull'isola sorella di Santorini, la piccola Thirasía, di soli 9,2 km². Dal punto di attracco si può raggiungere camminando per 3 km la località maggiore dell'isola, che conta solo 160 abitanti. Al porto si trovano quasi sempre taxi e anche un autobus di linea. Manólas vale una visita grazie alla sua posizione solitaria e alla bella vista su Santorini. *Informazioni sui traghetti presso la polizia portuale di Firá | tel 22 86 02 22 39*

## INFORMAZIONI

In agenzie di viaggi come *Ecorama Holidays (all'autostazione | tel 22 86 07 15 07)*

## NEI DINTORNI

### ÁGIOS ARTÉMIOS (127 E3) *(m F2)*

Questa chiesa si erge solitaria in posizione sopraelevata rispetto alla pianura costiera sul lato est dell'isola. Comprende diverse grotte un tempo riservate ai pellegrini, alcune nel cortile della chiesa immerso nei fiori, altre nella parete lavica antistante. L'unica occasione in cui vengono ancora utilizzate è la sagra che si tiene ogni anno il 19 e il 20 ottobre. *9 km dal capolinea dell'autobus a Oía | sab-dom 10-13*

### ! PORÍ
(127 E2) *(m E2)*

Il porticciolo di Porí si trova all'estremità meridionale della Porí Beach e la cornice

# GITE ED ESCURSIONI

## ❶ IL TOUR IDEALE

**PARTENZA:** ❶ Firá
**ARRIVO:** ❶ Firá

**2 giorni**
3 ore e 30 minuti
alla guida

Percorso:
🚌 **105 km**

**COSTI:** €330 a persona per vitto e alloggio, biglietti d'ingresso, auto a noleggio comprensiva di benzina.
Parapendio €38 a persona, barchetta €6 a persona.
**COSA PORTARE:** costume da bagno.

Santorini è un'isola piccola. Basta noleggiare per un paio di giorni un'automobile e la si esplora tutta con comodo, aggiungendovi anche il tempo per nuotare o per altre attività. Le pause caffè e le cene di buona cucina fanno comunque parte integrante dello stile di vita di Santorini. La località ideale in cui far base è il capoluogo Firá, che si trova proprio al centro, sul crinale della caldera.

In foto: sulla Red Beach nei pressi di Akrotíri

**Ogni angolo di mondo ha una propria bellezza. Per scoprirne i segreti e i percorsi più interessanti o rifugiarvi in oasi tranquille, per scegliere il locale che fa per voi o vivere le esperienze tipiche del luogo, seguite senza indugio le nostre proposte**

Alle 9.30 ritirate l'auto a noleggio a ❶ **Firá → p33 e gui-date tutto d'un fiato sempre sul bordo del cratere fino al ❷ Faro → p75 di Capo Akrotíri**. Da qui si apre una vi-sta sul mare aperto che spazia fino a Creta e sull'altro lato sull'intera caldera. **Tornando indietro attraversate il pa-ese di Akrotíri fino al ❸ sito archeologico → p69** del-la Akrotíri preistorica, per visitare il quale vi occorre circa un'ora. Fate **qualche passo a piedi fino al molo sottostan-te e prendete una** ⚠ barca **fino alla ❹ Red Beach → p74**, dove per un'ora potete starvene a mollo o prendere il sole.

**GIORNO 1**

❶ Firá

⬡ 14 km

❷ Faro

⬡ 6,5 km

❸ Sito archeologico

⬡ 1,5 km

❹ Red Beach

⬡ 1 km

**①**

Μαυρόπετρα **⑭**

Οἴα θόλος
Οἴα
**⑫** **⑬** Φοινικιά
Ομος

Thirasía
Θυρασία

Ποταμός

Αγριλιά

Thirasía
Θυρασία

Τρυπητή

Ν. Παλ. Καμένι

Ασπρονήσι

Négalo Bounó

## N. Santoríni
## N. Σαντορίνη

Imerovigli
Ημεριβγλή

**⑮** Vourvoúlos
Βουρβούλος

Skala Σκάλα

**⑯** Thíra
Θύρα

**⑪** Karterádos Μονόλιθος
Καρτεράδος

Mesariá
Μεσαριά

**⑩** Βόθω

Santorini
(Thíra)

Έξω Γωνία

Megalohóri
Μεγαλοχώρι

Πύργος Ἐπισκοπή Γωνιάς
**⑰** Καμάρι

Akrotíri
Ακρωτήρι

Vaósarhi

Profitis Ilías

**⑨** *Théra*

**②**

*Akrotíri*
(3000-1500 v. Chr.)

**⑧**

Embório
Ἐμπόριο

**⑦** Périssa
Πέρισσα

**③**
**④** **⑤** **⑥**

3 km
1.86 mi

Εξωμύτης

Ν. Παλ. Καμένι

Kaldera
Καλδερα

---

**⑤ Ta Delfínia** 🍴

8 km

**⑥ Fabbrica di conserva di pomodoro** 🏛

5,5 km

**⑦ Spiaggia di Périssa** 🍸🏊🌅

☕

9 km

**⑧ Galatéas' Pottery Studio** 🛍

100 m

**⑨ Art Centre Akrón** 🛍

3,5 km

**⑩ Cantina Sántos** 🍷

4,5 km

---

Intorno alle 14 tornate al molo di Akrotíri, dove potete pranzare da **⑤ Ta Delfínia → p72**, una taverna di pesce direttamente sul mare. Dopo pranzo **tornate indietro con l'auto percorrendo la strada sul crinale del cratere e piegate quasi subito verso Vliháda → p81**. Qui potete visitare lo stabilimento abbandonato di una **⑥ fabbrica di conserva di pomodoro**, di cui non si possono non notare le ciminiere; godetevi ora una pausa sulla **⑦ spiaggia di Périssa → p77**. Dopo un drink rinfrescante al **Beachclub Chili**, il vicino **Wave Sports → p107** vi offrirà l'opportunità di osservare dall'alto questa zona dell'isola: lasciatevi trascinare da un motoscafo allacciati a un parapendio e godetevela!

Dopo un caffè al **beach bar Yazz → p78** all'altezza del campeggio continuate il vostro giro (sono le 18 circa). **La strada migliore per tornare è di nuovo quella che corre sul bordo del cratere. Là dove la raggiungete, proprio all'incrocio**, vi si offre la possibilità di fare alcuni acquisti di qualità. Trovate belle ceramiche al **⑧ Galatéas' Pottery Studio → p62** e riproduzioni di capolavori antichi all'**⑨ Art Centre Akrón → p62**. Dopo lo shopping **oltrepassate la strada senza sbocco che scende al porto di Athínios** e subito dopo sulla sinistra vedrete, direttamente sul bordo del cratere, la grande e moderna cantina **⑩ Sántos**

**Wines → p67**. Là potrete osservare il tramonto brindando con un bicchiere di un vino locale, **prima di tornare a** ⑪ **Firá.** Qui potete pernottare a prezzi relativamente convenienti nell'**Hotel Summertime → p47, che si trova all'inizio della strada che porta al campeggio.** Per una cena a tarda sera la **Taverna Náoussa → p42**, a soli 10 minuti a piedi dall'hotel, è la scelta ideale.

Riprendete alle 9.30 da Firá. **Questa volta dirigetevi subito verso nord lungo la strada sul bordo del cratere. Attraversate la località più a nord dell'isola, Oía, e scendete al porto di** ⑫ **Ammoúdi → p83**, dove la vista sulla caldera è particolarmente impressionante. Dopodiché risalite di nuovo verso ⑬ **Oía → p82**, dove questa volta dovete cercare parcheggio. **Camminate lungo il vicolo al bordo del cratere fino al Castello di Lóndsa → p84**. Tornando all'auto potete dare uno sguardo al **Museo navale → p85** e quindi godervi una seconda colazione alla **pasticceria Melénio → p86** con vista sulla caldera. Intorno alle 13.30 siete di nuovo seduti in macchina **per dirigervi via Thólos alla costa nord dell'isola.** Alla ⑭ **Taverna Delfíni** *(tutti i giorni | €)* sopra il porticciolo di pescatori di **Capo Mavrópetra** potete rinfrancarvi con un'insalata o una zuppa di pesce. **Dopodiché, oltrepassando diverse piccole spiagge, raggiungete la** ⑮ **Chiesa di Ágios Artémios → p91**, che merita una visita. **Ora la strada sale piegando verso l'interno.**

4,5 km

⑪ Firá

14 km

GIORNO 2

⑫ Ammoúdi

1,5 km

⑬ Oía

4,5 km

⑭ Taverna Delfíni

6,5 km

⑮ Chiesa di Ágios Artémios

2 km

Una degustazione di vini alla cantina Sántos Wines può durare a lungo: guardate che vista!

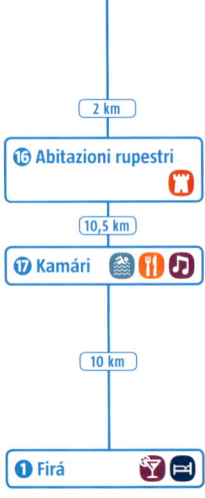

2 km

⑯ Abitazioni rupestri

10,5 km

⑰ Kamári

10 km

❶ Firá

Arrivate al villaggio di **Voúrvoulos → p49**. **Attraversatelo e poi piegate a destra sotto il piccolo cimitero del paese, tipicamente cicladico.** Così facendo passerete davanti a diverse ⑯ ! abitazioni rupestri: sono ormai vuote e potete comodamente entrare a visitarle. **Ora imboccate la strada principale che collega Oía a Firá, svoltate a sinistra e a Firá seguite il cartello per ⑰ Kamári → p51**. Dovreste arrivarci intorno alle 16. Lasciate l'auto alla fine della strada principale, nel grosso parcheggio davanti al mare. Qui inizia anche la lunga passeggiata a mare: nella zona centrale della spiaggia vi aspettano gli sport nautici della **Kamári Beach → p56**. È il posto giusto per godersi un bel bagno in mare e poi rifugiarsi alla **Taverna Salíveros → p56**, un locale semplice direttamente sul lungomare, per una bella cenetta. Dopo cena concludete la serata nel **Club Albatross → p57** sul lungomare dove si ascolta musica internazionale e a volte il sirtáki. Per tornare a ❶ **Firá → p33** non impiegherete più di 15 minuti. E per finire in bellezza niente è meglio di una sangria con vino di Santorini al **Bar Kirá Thirá → p45**.

## ❷ DA FIRÁ A OÍA A PIEDI SUL BORDO DEL CRATERE

**PARTENZA:** ❶ **Cattedrale ortodossa**
**ARRIVO:** ⑪ **Oía**

**1 giorno**
4 ore e 30 minuti
di cammino

Percorso:
➡ **13 km**

Grado di difficoltà:
**molto basso**

**COSTI:** €30 a persona per il vitto, autobus di linea €2 a persona, massaggio da 50 minuti €80 a persona.
**COSA PORTARE:** scarpe da trekking, picnic, acqua.

**ATTENZIONE:** la **Premium Spa** va prenotata in anticipo.
C'è un autobus ogni ora per tornare a Firá, anche la sera.

Per affrontare questa straordinaria escursione a piedi non bisogna essere super allenati: il percorso è sicuro e segnalato, tranne che in un breve tratto sdrucciolevole. La prima tappa, da Firá a Imerovígli, passa per i villaggi che si affacciano sulla caldera, poi è solo natura. Per quasi tutto il percorso lo sguardo corre sulla caldera e sul mare Egeo al di là. La passeggiata si conclude a Oía, sul bordo del cratere, curiosando tra le gallerie d'arte e concedendosi un massaggio in una spa.

**2**

Tholos
Θολός

Oia
Οία

Finikia
Φινικία

**11**

Akrotiri Agios Nikolaos
Ακρ. Άγιος Νικόλαος

Megalo Vouno
Μεγάλο Βουνό
329

**10**

*Pori Beach*

Pori
Πόροι

**9**

Mikro Profitis Ilias
Μικρό Προφήτης Ηλίας
317

Analypsi
Ανάληψη

**8**

*O r m o s   M o u s a k i*
*Ο ρ μ ο ς   Μ ο υ σ α κ ι*

Imerovigli
Ημεροβίγλι

**7**

**6**

Theoskepasti
Θεοσκέπαστη

**5**

**3**

Akrotiri Tourlos
Ακρ. Τούρλος

**4**

295

**2**

Moni Ag. Nikolaou
Μονή Αγ. Νικολάου

Firostefani
Φηροστεφάνι

1 km
0.62 mi

**NEA KAMENI**
ΝΕΑ ΚΑΜΕΝΗ

Fira
Φηρά

**1**

Akr. Stakti
Ακρ. Στακτή

---

**09:30** Partite dalla **❶ Cattedrale ortodossa → p37** a Firá e **seguite la strada che costeggia il bordo del cratere in direzione nord.** Oltrepassando il Museo archeologico → p34, la stazione della funivia e il Santozeum → p39, arrivate a Firostéfani e al piccolo **❷ Moní Ágios Nikólaos → p37**. Qualche passo ancora e siete a **❸ Imerovígli**. Ora ci vuole un po' di coraggio, perché **al ristorante Blue Note dovete lasciare la stradina e discendere di circa 100 m lungo uno stretto sentiero nella parete del cratere fino alla ❹ Rupe di Skáros → p40** con le rovine di un piccolo castello. Fate attenzione a dove mettete i piedi se volete osservare da vicino il castello. **Dopodiché risalite di nuovo fino al bordo del cratere. Proprio dietro il ristorante Blue Note infilate a destra la scalinata** che vi porta, passando davanti al Rocka Cafebar, alla piccola *platía* di Imerovígli. **Piegate a sinistra dietro l'Hotel La Maltese, di nuovo subito a sini-**

**❶ Cattedrale ortodossa**

2,5 km

**❷ Moní Ágios Nikólaos**

50 m

**❸ Imerovígli**

700 m

**❹ Rupe di Skáros**

900 m

Un punto di riferimento in roccia lavica: la Rupe di Skáros

**5** mini market 🛍️

150 m

**6** Taverna Iris ☕

50 m

**7** Ágios Márkos 🏛️ 🍴

2 km

**8** Cappella di Profítis Ilías 🏛️

✳️

**9** Kantína 🍴

1,5 km

**10** Cappella Tímios Stavrós 🏛️

**11** Oía 🍴 ✳️ 🛍️ 🎭 🏛️

stra e poi imboccate il primo vicolo a destra davanti al complesso di appartamenti Vallais Villas. Arrivate così in un piccolo tratto di strada asfaltata con un **5 mini market**, in cui potete comprare quel che vi serve per un picnic (non dimenticate l'acqua da bere!). **Da qui il percorso è di nuovo riconoscibile.**

🕦 **11:00** Alla **6 Taverna Iris** *(tutti i giorni | €€)* proprio sul bordo del cratere potete ordinare un caffè o un tè, oppure uno *tzatzíki* su una fetta di pane. Fino a Oía non troverete più altra possibilità di sosta. Qualche minuto dopo oltrepassate un piccolo aggregato di hotel e un tipico cimitero isolano. **Dopo l'hotel Santorini My Spa il sentiero comincia a salire. Prima del Café To Monopáti il sentiero si biforca; tenetevi sulla destra e arriverete ad 7 Ágios Márkos.** Sulle panchine in pietra addossate alla chiesetta potete fare un picnic all'ombra dei cipressi. Dopodiché **risalite una stradina asfaltata fino alla 8 Cappella di Profítis Ilías → p64** all'attacco dell'omonimo monte. Da qui esiste solo più un sentiero tra detriti lavici e di pietra pomice. Dopo circa 15 minuti di cammino il sentiero si fa meno sdrucciolevole e **sbuca sulla strada da Firá a Oía,** che qui corre nel punto più stretto dell'isola: si vedono contemporaneamente la caldera e il mare aperto. Qualche minuto dopo arrivate alla **9 Kantína**, un punto di ristoro all'aperto. Quasi tutti i giorni l'oste prepara una gustosa <mark>! torta di noci fatta in casa.</mark> **Proprio accanto comincia il "Sentiero escursionistico 1" contrassegnato da cartelli rossi e bianchi,** che in 30-40 minuti vi porta fino alla **10 Cappella Tímios Stavrós**, a 270 m d'altezza. Davanti a voi ora potete vedere Oía. Attraversando una distesa di lava **il sentiero scende fino alle prime case del paese e sbuca sulla via principale. Poco oltre, in una piccola piazza, inizia la viuzza sul bordo del cratere di 11 Oía → p82, che potete seguire attraverso tutto il paese.** Sono circa le 14, dunque è l'ora di fare una pausa ristoro. Sul lato sinistro il **Café Nocturna** *(tutti i giorni | €€)* sul tetto di un supermercato serve pasti semplici e convenienti, senza la solita maggiorazione per la vista sulla caldera.

**15:30** Dopo pranzo potete dedicarvi allo shopping. A destra sulla strada che costeggia il bordo del cratere ammirate gli oggetti in vetro e gli originali gioielli di **The Wave → p88**. Un paio di passi oltre, la **Studio Art Gallery → p87** mostra piacevoli acquerelli con i tipici motivi di Santorini. Da 🌿 **Chromata & Aromata** trovate cosmetici prodotti naturalmente con latte d'asina e saponi bio aromatizzati alle erbe, da **Anthemion** marionette favolose. Sono arrivate le 17 e l'ora di rilassarsi (a patto che abbiate prenotato in anticipo): lasciatevi viziare con un'oretta alla **Premium Spa → p90**! Quindi potete proseguire fino al **Castello di Lóndsa → p84**, dove sicuramente troverete molti altri visitatori in attesa del tramonto. Unitevi a loro e tenete pronta la macchina fotografica per qualche scatto meraviglioso! Per cena **tornate brevemente indietro sulla stradina a bordo cratere** e accomodatevi al caffè-ristorante **Kókkino Podílato → p86**. Da qui ci impiegate solo cinque minuti per raggiungere il capolinea dell'autobus.

---

**3**

## L'ALTRO LATO DI SANTORINI: A PIEDI GUARDANDO L'EGEO

| | |
|---|---|
| **PARTENZA:** ❶ Pýrgos<br>**ARRIVO:** ❾ Taverna God's Garden | **1 giorno**<br>4 ore e 30 minuti<br>di cammino |

Percorso: ➡️ **13 km**   Grado di difficoltà: ▁▂▃ **basso**

**COSTI:** vitto €20 a persona, corse in autobus €4,10 a persona, ingresso a ❻ **Thera Antica** €5 a persona, pedalò €20.
**COSA PORTARE:** scarpe da trekking, pantaloni lunghi, crema solare, costume da bagno, picnic, acqua.

In questa passeggiata scoprite le bellezze di Santorini nel loro lato più selvaggio. Camminerete sulla nuda roccia del monte più alto dell'isola, il Profítis Ilías, da Mésa Vounó osserverete il mare a picco sotto di voi su tre lati, seguirete sentieri e piste che si inerpicano a zigzag. Prima di partire date un'occhiata a uno dei paesini più belli dell'isola, al termine vi aspetta una spiaggia di sabbia con beach bar alla moda. Un piacevole effetto secondario: non spenderete quasi nulla.

**09:00** Si parte dalla piazza centrale di ❶ **Pýrgos → p65**. Una serie di scale nel labirintico centro storico salgono attraverso il quartiere di Kástro fino a un ❷ **bastione**, da dove potrete osservare gran parte dell'isola. Tornati sulla piazza, vi siete scaldati a sufficienza per partire: fate

❶ Pýrgos 🛍️
200 m
❷ Bastione 🌸
200 m

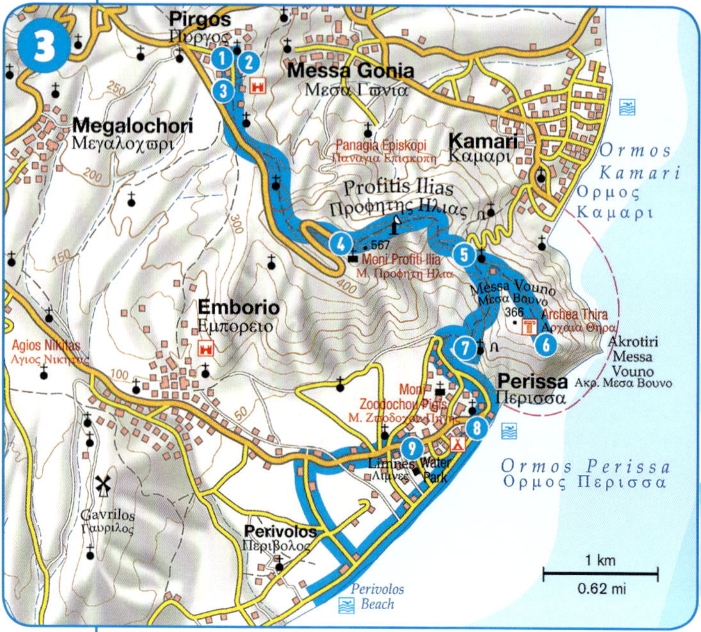

**❸ Supermercato**

3 km

**❹ Profítis Ilías** ❀

1,5 km

❀

🍴

**❺ Chiosco di bibite** ☕

800 m

**❻ Thera antica** 🎭 🌿

2 km

però ancora una tappa al **❸ supermercato** in piazza per comprare acqua e provviste per un picnic sul Profítis Ilías. **Ora seguite la strada principale che sale dolcemente: dopo 700 m vedete un cartello segnaletico in legno, che appena qualche passo dopo viene sostituito da un segno rosso e bianco con il numero 1. Questo ripido cammino sbuca di nuovo sulla strada asfaltata 200 m prima del monastero di Profítis Ilías.** Prima del cancello dell'impianto di antenne sulla cima del **❹ Profítis Ilías → p64** a 567 m, **si trova il cartello dell'ingresso al sentiero che scende a Thera antica.** Passando qua e là per strette creste e attraverso pianori con erbe e cespugli spinosi, il sentiero **scende direttamente al passo di Selláda** tra il Profítis Ilías e il Mésa Vounó. Il panorama è così affascinante che dovreste fare una 🚩 pausa picnic a metà strada.

🕧12:30 Al parcheggio del passo di Selláda è quasi sempre aperto un **❺ chiosco di bibite**, che offre anche caffè e spuntini. **Un sentierino pavimentato porta, passando davanti alle toilette,** all'ingresso del sito archeologico di **❻ Thera antica → p52**. In questo terreno ormai riconquistato dalla natura, su un piccolo pianoro roccioso che si protende verso l'Egeo, gli antichissimi muri sono come un gioiello che si incastona perfettamente nella natura selvaggia. Dopo la visita, che dura circa un'ora e mezza, continuate la camminata **seguendo il cartello che dal chiosco di bibite al parcheggio indica Périssa.** Nel percorso in discesa, merita fare una piccola deviazione alla **7 Cappella Panagía tis Katefiánis → p76** che si erge in alto sopra la località costiera.

**15:30** Una volta giunti a Périssa → p76 merita per prima cosa raggiungere la **8 Périssa Beach → p77** per un bel bagno che sciolga la fatica accumulata e un breve riposo sulla sabbia. Dopodiché potete noleggiare un pedalò da **Wave Sports → p107** e godervi il mare andando avanti e indietro per un'oretta. Giusto per arrivare alle 18, quando vi meritate una cena in anticipo. Per questo scegliete la **9 Taverna God's Garden → p76** che **si trova oltretutto sulla strada principale che prosegue per Mésa Vounó.** Assaggerete specialità dell'isola e a prezzi relativamente convenienti. La fermata dell'autobus dista pochi passi dal locale.

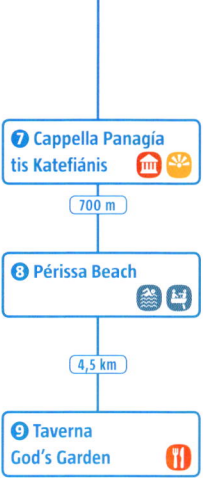

**7** Cappella Panagía tis Katefiánis

700 m

**8** Périssa Beach

4,5 km

**9** Taverna God's Garden

---

# UNA SANTORINI DIVERSA: IN MOTORINO INTORNO ALL'AEROPORTO

**PARTENZA: 1 Kamári**
**ARRIVO:   10 Cine Kamári**

**1 giorno**
1 ora e 30 minuti
alla guida

Percorso:
 **19 km**

**COSTI:** €65 a persona per vitto, ingressi, noleggio di un motorino inclusa la benzina; **10 Cine Kamári** €8 a persona.
**COSA PORTARE:** scarpe per camminare, costume da bagno.

Molti visitatori conoscono di Santorini solo la parte che compare sui dépliant turistici o sulle cartoline: i paesini situati sulla cresta del cratere e la caldera. In questo modo non arrivano a scoprire le bellezze dell'entroterra. Quest'itinerario vi concede uno sguardo su una Santorini sconosciuta. Anche qui ci sono scorci spettacolari, preziosi reperti storici e ampie possibilità di mangiar bene e divertirsi. E non dovete neanche rinunciare a un bel tuffo in mare.

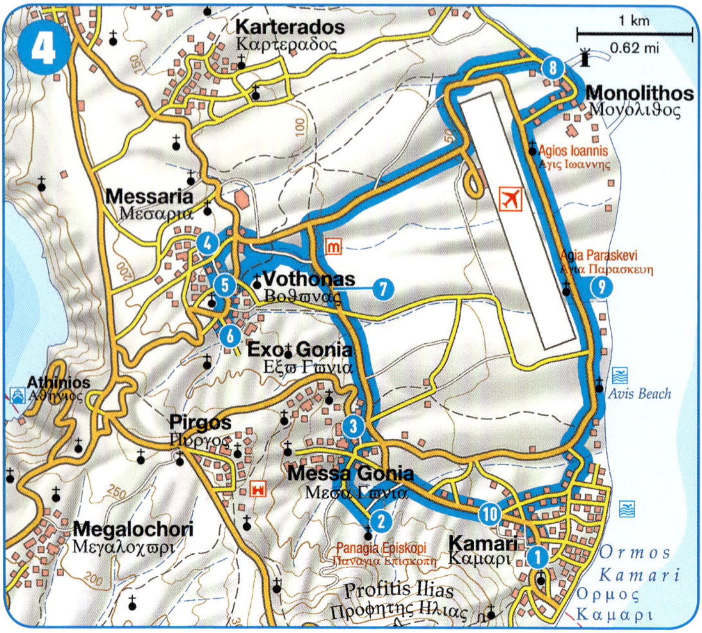

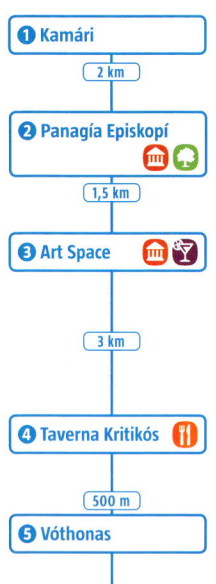

**1 Kamári**

*2 km*

**2 Panagía Episkopí**

*1,5 km*

**3 Art Space**

*3 km*

**4 Taverna Kritikós**

*500 m*

**5 Vóthonas**

---

**10:00** Si comincia con tutta calma a **1 Kamári → p51** prendendo **la strada in direzione di Firá.** Poco dopo aver lasciato Kamári, dove potete dare uno sguardo al programma serale del **Cine Kamári → p57**, **seguite il cartello verso sinistra** che conduce all'antica chiesetta di **2 Panagía Episkopí → p63**: un piacere anche per il bel giardino. **Tornati sulla strada principale, circa 300 m oltre un cartello indica verso sinistra**: porta alla galleria d'arte in una grotta, **3 Art Space → p58**. Qui potete ammirare opere d'arte contemporanea in una vecchia cantina scavata nella pietra pomice e nel contempo degustare i vini conservati al fresco.

**13:00** **Tornati sulla strada principale, 1,1 km più avanti,** vi aspetta una !un'enome cotoletta di maiale e una buona insalata alla **4 Taverna Kritikós → p65**. **Proprio di fronte alla taverna una stretta strada conduce**, curva dopo curva, in una valle d'erosione, un tratto tipico del panorama di Santorini, con molte piante d'agave e case rupestri scavate nei pendii in pietra pomice. Fate una pausa nel silenzioso **5 Vóthonas → p65** e chiedete alla prima persona che incontrate, nella speranza che ne vediate una, dove potete trovare la chiave che apre la porta della chiesa di Panagía tis Sergínas. Una volta ottenutala, parcheggiate il motorino **alla fine della strada** e **risalite per cinque minuti la valle su un sentierino** per raggiungere la **6 Panagía tis Sergínas**, una singolare chiesa scavata nella roccia. **Dopodiché tornate sulla strada principale e 400 m oltre** troverete il **7 Museo del vino → p67** che si presta a delle belle fotografie. Saranno più o meno le 16.30 quando avrete finito la visita e ripreso la strada, **seguendo i cartelli per l'aeroporto. Girate intorno al limite nord della pista d'atterraggio e arrivate a 8 Monólithos → p63** e alla sua bella spiaggia, l'ideale per un piacevole bagno in mare.

**18:00** Dopo la nuotata, seguite **la strada che corre vicino alla linea costiera parallela alla pista dell'aeroporto verso Kamári. Un piccolo cartello indica la direzione per Agía Paraskeví Beach e la 9 Taverna Galíni → p54.** Quest'ultima, isolata sulla spiaggia, è in grado di servirvi a cena anche piccoli pesci pescati in loco, qualcosa che raramente le *taverne* dell'isola offrono ai clienti. Dopodiché, **2,5 km oltre, a Kamári,** vi attende un'altra bella esperienza: un film sotto le stelle in un meraviglioso cinema all'aperto, il **10 Cine Kamári → p57**.

600 m
6 Panagía tis Sergínas
2 km
7 Museo del vino
3,5 km
8 Monólithos
2,5 km
9 Taverna Galíni
3 km
10 Cine Kamári

Una delle chiese più antiche di Santorini: la Panagía Episkopí di Kamári

# SPORT E BENESSERE

Santorini non è un'isola particolarmente sportiva. Nella caldera non vi è spazio per le scuole di windsurf o di sci nautico, e le sue coste basse sono prive di baie riparate. Le pareti a strapiombo nell'Egeo non offrono granché spazio per complessi sportivi, e l'isola è troppo piccola per ospitare un campo da golf.

E comunque i turisti vengono soprattutto per nuotare, per godere della vista, rilassarsi nei bar e nei caffè e mangiare bene. Se preferite una vacanza all'insegna dello sport, questa non è la meta che fa per voi. Inoltre, qui l'alta stagione è piuttosto breve: i centri di sport acquatici sono attivi solo da giugno a settembre. Tranne forse che per i sub, a Santorini le attività sportive non rappresentano la regola, ma una piacevole eccezione.

## BENESSERE E MASSAGGI

Gli alberghi di lusso offrono anche massaggi e in molti casi dispongono persino di un centro benessere. Aperte anche ai non ospiti sono le due esclusivissime spa di Oía: potete scegliere tra ● *Caldera Massages (al di sotto della via che costeggia la caldera | tel 22 86 07 19 83 | www. spasantorini.com)* e *Premium Santorini Spa* nell'*Hotel Museum (Tel 22 86 07 10 55 | www.santorinipremiumspa.com)* proprio sulla via che costeggia il cratere. Caldera Massages offre bagni e trattamenti in grotte scavate nelle pareti del cratere e arredate con gusto, e relax sulle terrazze con vista mare; nella Premium Santorini Spa si gode dell'intimità di un piccolo centro benessere e di un servizio

**Non è un'isola per sportivi, ma non mancano le occasioni per chi ha bisogno di movimento, vuole tenersi in forma e ama divertirsi**

impeccabile nella piscina situata nel cortile interno, al riparo dal trambusto.

In alta stagione, inoltre, sulle spiagge di Kamári, Períssa e Perívolos massaggiatori ambulanti offrono i loro servigi.

Ultimamente a Santorini vanno per la maggiore le ! fish spa, che forniscono trattamenti di pedicure durante i quali i piccoli pesci garra rufa mangiano la pelle morta dei piedi facendo un piacevole solletico. Per sapere chi fornisce questo servizio chiedete direttamente nei centri benessere dell'isola.

### BICICLETTA

Con grandi dislivelli su distanze corte e strade perlopiù strette e trafficate, Santorini non è la destinazione ideale per i ciclisti. Gli appassionati di mountain bike avranno da divertirsi in una o due gite che durano una giornata. Le mountain bike costano €10-15. Compresi nel prezzo casco e consegna in qualunque altra località dell'isola. Si può anche prenotare online: *Motor Inn (Kamári | Odos M. Aléxandrou 1 | tel 22 86 03 11 65 |*

*www.motorinn.gr)*. Noleggio e uscite con mountain bike elettriche anche presso la *Santorini MTB Adventures (tel 69 80 28 94 53 | www.santoriniadventures.gr)* di Firá.

## EQUITAZIONE

La responsabile di questa scuderia molto primitiva situata in campagna, lontano dai percorsi turistici, vanta un'esperienza ultraventennale. Più di dieci cavalli sono a disposizione per brevi cavalcate (€17) – anche per principianti – e per passeggiate a scelta di 2 ore e mezzo. Si possono prendere anche lezioni. *Santorini Horseriding | Éxo Goniá / a sinistra sulla strada da Messariá a Kamári (segnalato) | tel 69 77 41 57 75 | tutti i giorni circa 11-13 e 17-20*

## ESCURSIONISMO

Santorini è così piccola che nell'arco di una giornata potrete raggiungere qualsiasi località dell'isola. Anche se i sentieri segnalati e le mappe dettagliate scarseggiano, è difficile che vi perdiate. Spesso vi capiterà di percorrere strade asfaltate strette e poco trafficate, visto che i sentieri in terra battuta e le mulattiere sono sempre più rari. Invece i punti ristoro sono così numerosi che in genere basta portare con sé una bottiglia d'acqua.
Dal momento che molti sentieri e vicoli lastricati sono scivolosi, è consigliabile indossare scarpe di gomma con suola scanalata. C'è ben poca ombra, quindi è necessario un cappello da sole. Alle pagine 96-101 vengono descritti due interessanti itinerari a piedi.

## IMMERSIONI

Mentre lo snorkeling in Grecia è permesso ovunque, nelle acque che circonda-no l'isola le immersioni con bombola a ossigeno sono ammesse solo nei centri provvisti di licenza, che organizzano più uscite ogni giorno. In questo modo si impedisce che i numerosi reperti antichi e medievali ancora disseminati sui fondali vengano danneggiati o trafugati. *www.scubagreece.com*
Questi centri offrono sia corsi per principianti ed esperti, sia uscite per sub con una certa esperienza. Ovviamente le acque più belle sono quelle all'interno della caldera. Le immersioni per esperti costano €55. I corsi di tre o quattro giorni per principianti partono invece da €380, le uscite di snorkeling di mezza giornata costano da €25 in su. ● *Santorini Dive Center (tel 22 86 08 30 80 | www.divecenter.gr)* a Períssa; *Sotirioú Diving Center (tel 22 86 03 31 77 | www.scubagreece.com)* a Kamári.

## KAYAK DA MARE E STAND-UP-PADDLE

*Santorini Sea Kayaking (Mobiltel 69 51 80 10 51 | www.santoriniseakayak.com)*, sulla spiaggia di Akrotíri, si è specializzato in ==! uscite con guida== in kayak da mare. La pagaiata di cinque ore per sette miglia marine lungo la costa meridionale è adatta anche ai principianti (€80). Chi vuole affrontare il lungo itinerario che attraversa tutta la caldera e che da Santorini arriva a Thirasía (8 ore per percorrere 12 miglia marine) deve invece avere esperienza e resistenza (€175). Chi preferisce cimentarsi nello Stand-up-Paddling prenoti un'uscita di 3 ore da Akrotíri a Vliháda e ritorno (€60).

## SCI NAUTICO E WINDSURF

In alta stagione sulle spiagge di Kamári e Períssa aprono due o tre centri di sport acquatici, dove è possibile noleggiare tavole da surf e tutta l'attrezzatura necessaria, nonché praticare lo sci nautico, il paragliding e fun-ride su

*15 30 | www.kastelliresort.com | €€€)* e il *Makários Beach (tel 22 86 03 13 75 | www.makarios-hotel.gr | €)* a Kamári.

Passeggiare nella natura a Santorini in una magia di luci e colori

gommoni o banana boat. 15 minuti di sci nautico costano €35. Per noleggiare una tavola e il resto dell'attrezzatura si paga €25 all'ora oppure €60 per mezza giornata. Affidabili centri di sport acquatici si trovano a Kamári Beach *(sul tratto centrale della spiaggia | tel 69 32 78 08 52 | www.3sxsport.gr)* e al termine sud della spiaggia di Períssa: *Wave Sports (sulla Perívolos Beach vicino al Beachclub Chilli | tel 69 86 08 15 12 | www.wavesports.gr)*. È possibile anche noleggiare kayak e SUP.

## TENNIS

Solo pochi hotel dispongono di un campo da tennis: il *Kastélli Resort (tel 22 86 03*

Anche chi non è ospite dell'albergo può riservare per €10 (singolo) e €15 (doppio) uno dei due campi dell'hotel *Santoríni Tennis Club (tel 22 86 02 21 22 | €€)* di Karterádos.

## VELA

A Santorini non è possibile noleggiare uno yacht senza skipper, mentre è ampia l'offerta di yacht e barche a vela con lo skipper, soprattutto per esclusivi ● tour di una giornata nella caldera. Sul sito *www.santorini.com/sailing* troverete una bella scelta di yacht a vela e a motore di varia grandezza. Le tariffe giornaliere per quattro persone partono da un minimo di €500.

# IN GIRO CON I BAMBINI

Santorini non è un luogo di villeggiatura per famiglie come tanti altri. Le attività rivolte espressamente ai bambini sono quasi assenti. A differenza di quanto accade in altre isole greche, qui non si trovano né parchi divertimento, né zoo, mini club negli alberghi o treni in miniatura.

Fra i turisti che soggiornano a Santorini, le famiglie con bambini sono una minoranza e pensare alle loro esigenze è quindi economicamente controproducente. Comunque, la possibilità per i crocieristi di arrivare al borgo dal porto vecchio di Firá utilizzando la funivia o facendo il tragitto *a dorso d'asino*, farà di sicuro anche la gioia dei più piccoli. Così come le *gite in barca* da Akrotíri alla White Beach, dove per raggiungere la riva dalla barca ormeggiata al largo bisogna scendere in mare.

Le spiagge di Santorini non sono adatte per costruire castelli di sabbia, e per chi non ha ancora imparato a nuotare bene digradano nel mare troppo bruscamente. Per di più, poiché le rovine dei castelli e le vie che costeggiano il bordo del cratere con i loro muretti bassi non sono così sicure come ci si potrebbe aspettare, bisogna fare molta attenzione a chi è ancora insicuro sulle gambe. L'assenza di marciapiedi nei centri abitati e il traffico intenso attorno alla *platía* di Firá rappresentano ulteriori pericoli per i più piccoli. Ciononostante, a Santorini i bambini sono sempre i benvenuti e vengono lasciati molto più liberi rispetto a quanto avviene in altri paesi: possono andare praticamente ovunque. Nessuno si sentirà infastidito se di sera li condurrete con voi al ristorante o al cinema all'aperto. Nelle *taverne*, in attesa che le portate arrivino in tavola, potranno persino divertirsi a disegnare e colorare direttamente sulla tovaglia, che spesso è di carta e viene cambiata a ogni nuovo cliente.

I locali non servono menu per bambini. Considerando però che in Grecia si è soliti ordinare diverse portate che tutti i commensali condividono, ciò non rappresenta in alcun modo un problema. Vi basterà chiedere un piatto vuoto per i bambini e assortirlo come meglio credete. I cibi preferiti dalla maggior parte dei più piccoli, come pasta e patatine fritte, si trovano un po' dappertutto.

I bambini possono accedere a tutti i musei e ai siti archeologici senza pagare alcun biglietto. Se hanno un'età inferiore ai sette anni possono usufruire gratuitamente anche dei mezzi pubblici e pren-

## I più piccoli sono sempre i benvenuti, ma l'offerta di attività pensate per loro si rivela nel complesso limitata

dere parte alle escursioni organizzate, mentre dai sei ai dodici anni pagano la metà. I controllori e le agenzie di viaggio, ad ogni modo, chiudono volentieri un occhio quando si tratta di valutare la loro età.

Sull'isola troverete quasi tutto ciò che occorre ai vostri bambini. I pannolini e gli alimenti per la prima infanzia sono in vendita nei supermercati e nelle farmacie, i gelati e altri spuntini quasi in tutti i chioschi.

Alcune cose però conviene acquistarle prima della partenza: in particolare la crema solare, che in Grecia è più cara che in qualsiasi altro paese europeo, le zanzariere per i più piccoli, le scarpette da bagno per camminare sulla sabbia lavica rovente e sulle spiagge di ciottoli, ed eventualmente i prodotti di medicina naturale ai quali potreste aver abituato i vostri figli. I medici greci infatti tendono a prescrivere un antibiotico anche nel caso di un semplice raffreddore.

### PERÍSSA E IL SUD

#### THÉROS BEACH
(129 D6) (⌀ E8)
I più grandicelli si divertiranno senz'altro a giocare a beachvolley. Al di sotto del ● beach bar della Théros Beach c'è un piccolo spazio che può essere utilizzato gratuitamente. I genitori potranno ordinare un drink rinfrescante tenendo d'occhio i mini sportivi dall'alto.

#### WATER PARK PERÍSSA
(129 E5) (⌀ G7)
Questo minuscolo parco acquatico è l'unica struttura di Santorini espressamente rivolta alle famiglie con bambini, ma non è certo paragonabile agli impianti molto più grandi e attrezzati che si trovano altrove, per esempio a Creta, Rodi e Corfù. Il divertimento è procurato soltanto da tre piccoli scivoli d'acqua. *Località Límnes, a 160 m dalla litoranea da Períssa a Perívolos | tutti i giorni 10-19 | ingresso con uso degli scivoli €9*

# EVENTI E FESTE

In molte isole meno fortunate sotto il profilo turistico, i comuni e le associazioni organizzano più festival culturali ed eventi non a scopo di lucro che a Santorini. Anche qui comunque il culto dei santi patroni genera molte sagre paesane. Spesso si tratta di eventi piuttosto modesti: di mattina si tiene una cerimonia religiosa e verso le 9 le icone sacre vengono portate in processione tre volte intorno alla chiesa. Una volta terminata la liturgia, che si protrae ancora per qualche minuto, i fedeli si siedono tutti insieme a bere e mangiare ai tavolini disposti sul sagrato. A volte si assiste anche a un ballo tradizionale.

La festa più importante dell'anno è la Pasqua ortodossa, la cui data, al pari di quella delle altre festività mobili, è stabilita in base al calendario giuliano, coincidendo così solo di rado con i festeggiamenti della Pasqua cattolica.

## FESTE E MANIFESTAZIONI

### FEBBRAIO-MARZO

***Lunedì grasso:*** scampagnata, picnic e voli di aquiloni.

***25 marzo (Festa nazionale):*** commemorazione dell'inizio della guerra di indipendenza contro i Turchi avvenuto nel 1821. A Firá, prima della processione in onore dei caduti, i ragazzi delle scuole si esibiscono in danze storiche indossando il costume tradizionale.

### APRILE-MAGGIO

***Venerdì santo:*** al mattino in tutte le parrocchie i fedeli ricoprono con una marea di fiori l'Epitaffio (una bara con il simulacro di Gesù). Così decorato la sera verso le 21 viene portato in processione.

***Sabato di Pasqua:*** processione e messa a partire dalle 23. Prima di mezzanotte nelle chiese si spengono i lumi, a simboleggiare l'attesa della luce eterna. Verso le 24 il sacerdote annuncia la Resurrezione e i presenti accendono le candele che hanno portato con sé. I giovani fanno esplodere i fuochi d'artificio.

***Pasqua:*** ovunque si cucinano agnello e capretto allo spiedo. Si mangia tardi, con l'accompagnamento di musiche, canti e balli.

***21 maggio:*** in mattinata piccola sagra nella chiesa della Panagía Episkopí a Mésa Goniá.

### AGOSTO

***15 agosto:*** grande sagra con musica e danze la sera ad Akrotíri, Kamári e Mégalohóri

## Non ci sono molti festival culturali, ma il calendario religioso festeggia ricorrenze importanti come la Pasqua ortodossa

*Metà agosto:* a Firá grande festa popolare la sera con musica, danze folkloristiche e spettacolari fuochi d'artificio sopra la caldera, raffigurazione dell'eruzione che diede vita all'isola.

### SETTEMBRE
*Festival di musica classica:* musicisti internazionali si esibiscono al Centro Congressi Nómikos a Firá.
*Festival culturale Odí sto Kastélli:* concerti e spettacoli teatrali a Pýrgos

### OTTOBRE
*19-20 ottobre:* 🟢 ! *Sagra di due giorni* presso la chiesa di Ágios Artémios. I fedeli si accampano attorno all'edificio, e la sera del 19 trascorre fra musica e balli improvvisati. Il mattino successivo inizia una lunga cerimonia religiosa con una breve processione intorno alla chiesa (verso le 9), dopodiché a pellegrini e visitatori viene offerto da mangiare.
*28 ottobre (Festa nazionale):* si ricorda il "grande No" dei greci, che nel 1940 rifiu-

tarono di arrendersi a Mussolini; subirono così l'occupazione italiana e poi tedesca durante la seconda guerra mondiale.

## GIORNI FESTIVI

Le festività mobili si basano sul calendario giuliano.

| | |
|---|---|
| 1° gennaio | Capodanno |
| 6 gennaio | Epifania |
| 19 febbraio | Lunedì Grasso |
| 25 marzo | Festa Nazionale |
| aprile | Venerdì Santo ortodosso, Pasqua ortodossa, Lunedì di Pasqua |
| 1° maggio | Festa del Lavoro |
| maggio-giugno | Pentecoste ortodossa |
| 15 agosto | Assunzione della Vergine |
| 28 ottobre | Festa Nazionale |
| 25-26 dicembre | Natale, S. Stefano |

# LINK, BLOG, APP E ALTRO

www.santorinigrecia.it La storia e il mito di Atlantide, e poi escursioni, spiagge, alberghi, ristoranti, divertimento, traghetti e molto altro.

www.santorini.com Esaustivo sito internet in lingua inglese, con diverse informazioni sull'isola come alberghi, autonoleggi, barche da noleggiare, musei…

www.santorini.net Sito web in inglese, con notizie aggiornate su Santorini ed e-shop di prodotti isolani.

www.thirasia.gr L'homepage ufficiale dell'isola di Thirasía è corredata di belle foto e finanziata in parte dall'Unione Europea. Purtroppo però viene aggiornata solo di rado.

www.santoriniinfo.gr Sito commerciale in più lingue tra cui l'italiano, con bollettino meteo e carte, link, musei, spiagge e molto altro.

facebook.com/santoriniadventu res Una community perfetta per chi ama l'outdoor, in particolare la mountain bike.

www.atlantis-scout.de/index_engl.htm Tutto sulle leggende che ruotano intorno al mito di Atlantide. In lingua inglese.

www.cycladen.be/Emborio-PerissaEng.htm Una bella descrizione (in inglese) su come giungere in cima alla montagna più alta (e antica) dell'isola, dedicata al profeta Elia.

twitter.com/poemaweddings Coppie da tutto il mondo si recano a Santorini per unirsi in matrimonio. Qui troverete le loro fotografie, ma anche informazioni sulle migliori location per celebrare uno dei più importanti eventi della vita.

welovesantorini.com/it/cosa-mangia re-a-santorini-i-prodotti-tipici/ Qualche consiglio su che cosa e dove mangiare una volta giunti sull'isola.

gustarviaggiando.civico20.it/santori ni-e-le-sue-frittelle-di-pomodoro/ Ci si prepara a un viaggio in molti modi: qui lo si fa attraverso una ricetta tipica, le frittelle di pomodoro.

www.travelpod.com Resoconti di viaggi a Santorini corredati di fotografie e video di turisti.

**VIDEO**

www.greeka.com/cyclades/santorini/ santorini-videos-1.htm Si trovano 55 bei video su Santorini postati da diversi operatori, alcuni dei quali hanno anche fatto riprese all'interno dei musei.

www.santorinigreece.tv/category/volcano-caldera/ Molti video interessanti sulla storia e la natura di Santorini: quello che preferiamo è questo che mostra in una bella simulazione la nascita dell'isola attuale dopo le eruzioni vulcaniche della preistoria.

www.youtube.com/watch?v=uiIgrGWRaik Ryan Doyle è un atleta di quella disciplina, il parkour, che spinge ad adattare all'ambiente circostante la propria abilità di compiere un percorso con salti, volteggi, scalate... Quando ha visto Santorini Ryan è rimasto folgorato: guardatelo volteggiare su tetti, scale e muretti.

www.neasantorinis.gr/web_tv La rete televisiva regionale in streaming.

Santorini Greece App gratuita in inglese e in greco, con molte informazioni su tutte le località, le attrazioni e le spiagge dell'isola, nonché sui prezzi degli alberghi e sulle strutture turistiche aperte anche in bassa stagione.

**APP**

Santorini Exclusive Questa rivista digitale gratuita presenta ogni anno i centri e gli hotel benessere, oltre ai ristoranti più lussuosi ed esclusivi dell'isola: per chi non intende farsi mancare davvero nulla. In inglese.

Aegean Divers Con questa app gratuita in inglese la scuola di immersione espone le proprie offerte, le foto e i video dei fondali marini.

# INFORMAZIONI PRATICHE

## ACQUA POTABILE

Fatta eccezione per Firá e Oía, l'acqua corrente non è potabile, ma si può usare tranquillamente per lavarsi i denti e la frutta. A Oía e Firá viene da impianti di dissalazione, nelle altre zone dell'isola da fori di trivellazione nelle acque freatiche.

## AUTO E MOTOCICLETTA

I limiti di velocità sono di 50 km/h nei centri abitati e 90 km/h sulle strade extraurbane. È obbligatorio allacciare le cinture di sicurezza sui sedili anteriori. Il tasso alcolico consentito è di 0,5‰ per chi guida un'automobile e di 0,02‰ per i motociclisti. Questi ultimi, inoltre, sono tenuti a indossare il casco. Le sanzioni per chi viola il codice della strada sono piuttosto salate; parcheggiare in divieto di sosta, ad esempio, costa almeno €60.

## AUTOBUS

Gli autobus di linea collegano il capoluogo Firá con tutte le località dell'isola e con il porto principale di Athínios. Gli orari sono affissi presso l'autostazione di Firá. Sul sito web *www.ktel-santorini.gr* sono riportati anche i prezzi dei biglietti. In alta stagione alcune linee raggiungono le spiagge di Vlihàda e Perívolos. I biglietti sono molto economici e si acquistano direttamente a bordo. Ad esempio: Firá-Kamári costa €1,80, Firá-Paríssa €2,30 e Firá-Akrotíri €2,30.

## AUTONOLEGGIO

Biciclette, trike, quad, scooter, motocicli, automobili e altre vetture possono essere noleggiati in tutti i centri di villeggiatura dell'isola. I prezzi variano sensibilmente in base alla stagione. L'utilitaria per una settimana che a maggio costa circa €150, ad agosto può costare anche €350.
Per noleggiare un'auto o una motocicletta sopra i 50 cm$^3$ dovrete avere la patente per la classe corrispondente; a seconda dell'agenzia l'età minima richiesta può essere di 21 o 23 anni (almeno 18 anni per i motocicli fino a 50 cm$^3$ di cilindrata). Ricordate che non sempre l'assicurazione kasko integrale copre i danni alle ruote e alla parte inferiore della vettura: leggete con cura le clausole del contratto. Chiamate la polizia anche in caso di piccoli incidenti per evitare che l'assicurazione si rifiuti di pagare.

## VIAGGIARE VERDE

Potete fare molto con semplici mezzi. Non calcolate solo le emissioni di anidride carbonica emessa per il vostro viaggio di andata e ritorno *(cityfactor.it/calcolatoreco2)*, ma fate attenzione e proteggete anche la natura e le tradizioni del paese che visitate *(www.climatecare.org; www.vacanzefaidate.com; www.aitr. org)*. Come turisti è necessario avere cura dell'ambiente *(en.nabu.de; www.wwf.it)*, privilegiare i prodotti regionali, utilizzare mezzi di trasporto puliti (bicicletta anziché automobile), risparmiare l'acqua e molto altro. Per maggiori informazioni sul turismo ecosostenibile: *www.tuttogreen.it/ category/viaggi*

# Destinazione Santorini

**La vacanza dalla A alla Z: in ordine alfabetico le informazioni indispensabili per il vostro viaggio**

## BALNEAZIONE

Il Mar Egeo offre destinazioni più allettanti di Santorini per chi ama nuotare in mare. Sul lato della caldera non esiste neanche una spiaggia e solo pochi punti (nei pressi di Oía e Akrotíri) in cui si riesce a entrare in acqua. Quelle che si affacciano sul mare aperto sono o molto rocciose o fatte di ghiaia lavica ed è indispensabile l'uso di scarpe da bagno. Quasi ovunque l'acqua è profonda già a un paio di metri dalla riva, poco adatta quindi ai bambini e a chi non sa nuotare. Si trovano bagnini solo sui lidi più frequentati, ovvero a Kamári, Períssa, Perívolos e Monólithos, ma anche lì il posto di soccorso non è sempre presidiato.

## BIGLIETTI

I bambini e i ragazzi dei paesi UE e gli studenti in possesso di una tessera internazionale possono accedere liberamente ai siti archeologici di Akrotíri, al Museo Archeologico e al Museo della Preistoria di Firá. I cittadini europei over 65 anni hanno diritto a una riduzione. L'ingresso è gratuito per tutti la prima domenica del mese da novembre a marzo, nei giorni festivi, il 6 marzo, l'ultimo fine settimana di settembre, durante la Giornata Internazionale dei Musei a maggio, la Giornata Internazionale dei Monumenti e dei Siti ad aprile e la Giornata Mondiale dell'Ambiente a giugno.

## CAMPEGGI

Ci sono campeggi solo a Firá e Períssa, come pure a circa 1 km fuori Akrotíri. Il campeggio libero non è consentito.

## CLIMA E PERIODO DI VIAGGIO

A Santorini la stagione turistica va da maggio a ottobre. Nei restanti mesi dell'anno molti alberghi e ristoranti sono chiusi. A maggio l'acqua potrebbe essere ancora troppo fredda per fare il bagno, ma la natura è nel periodo di massimo rigoglio. A luglio e ad agosto, invece, le temperature superano spesso i 30°C di giorno e di notte scendono di rado sotto i 20°C. L'autunno ha il vantaggio di un mare con temperatura ancora piacevole, ma la vegetazione è riarsa dopo la lunga estate: da giugno ad agosto, infatti, non piove quasi mai. Nel resto dell'anno è consigliabile avere una giacca a vento per eventuali temporali. Spesso in alta stagione soffiano venti forti, talvolta piacevolmente rinfrescanti, quindi è meglio avere sempre con sé un pullover o una giacca leggera. Quando soffia il vento spesso non si nota quanto forte picchi il sole: non dimenticate mai una buona protezione solare.

## DEPOSITO BAGAGLI

Il chiosco all'autostazione ha un deposito bagagli (€2 all'ora).

## DOCUMENTI

Carta d'identità o passaporto in corso di validità. Anche i minori di 15 anni devono essere muniti di un documento proprio.

## DOGANA

I cittadini UE possono esportare e importare, esentasse, fino a 800 sigarette,

10 l di superalcolici e 90 l di vino. Per la Svizzera le quantità ammesse sono sensibilmente inferiori: ad esempio 250 sigarette, 1 l di superalcolici e 5 l di vino. Per maggiori informazioni consultare i siti *www.agenziadoganemonopoli.gov.it* e *www.ezv.admin.ch*

## FOTO

Le pellicole, le schede di memoria, le pile e le batterie sono piuttosto care: conviene portarle da casa.

## FUMO

Come in molti paesi europei, anche in Grecia è vietato fumare nei locali pubblici, compresi i terminal dell'aeroporto, i ristoranti, i bar, le discoteche e anche gli spazi chiusi delle navi.

## GIORNALI

Sull'isola arrivano molti giornali e riviste italiani e svizzeri il giorno stesso della pubblicazione.

## INFORMAZIONI

**ENTE NAZIONALE ELLENICO PER IL TURISMO**
– *Via Santa Sofia 12, 20122 Milano | tel 02 86 04 70 | info@visitgreece.it*
– *Löwenstrasse 25, 8001 Zurigo | tel 221 01 05 | eot@bluewing.ch*
Prima di partire potete consultare il sito *www.visitgreece.gr* o accedere al portale del Ministero della Cultura greco con descrizioni, foto e informazioni relative agli orari di apertura e ai prezzi degli ingressi ai siti archeologici e ai musei. Per avere informazioni sul posto, invece, potete recarvi in una sede dell'ente nazionale del turismo EOT (Ellinikós Organismós Tourismoú) o in un ufficio turistico municipale.

– *www.culture.gr:* sito ufficiale del Ministero della Cultura greco, con diverse informazioni sui musei e sui siti archeologici ellenici anche in inglese.
– *www.gtp.gr:* informazioni utili per viaggiare in Grecia, con gli orari aggiornati dei traghetti.

## INTERNET E WI-FI

Quasi tutti i caffè, bar e ristoranti dell'isola offrono accesso a internet veloce e gratuito.
Negli hotel internet è dato per scontato; solo alcuni (i più costosi) fanno pagare una tariffa d'accesso.

## LINGUA

I greci sono fieri della loro grafia, usata solo da loro in tutto il mondo. Ormai nelle scritte è frequente trovare anche la dicitura in caratteri latini, ma è comunque utile conoscere le lettere dell'alfabeto greco. Per farvi capire dovrete fare attenzione a porre l'accento sulla vocale giusta. La traslitterazione può risultare difficoltosa poiché non esistono regole ufficiali in materia, per cui è possibile che il nome dello stesso villaggio venga scritto in tre o quattro modi diversi.

## MANCE

Il minimo per una mancia è €0,50. Al ristorante non si arrotonda il conto, ma si lascia la mancia sul tavolo dopo aver ricevuto il resto.

## NATURISMO

Escluse alcune spiagge di Creta, Rodi e Mykonos, in Grecia il naturismo è vietato per legge. A Santorini il divieto viene preso molto sul serio; si tollera il topless.

## ORA

La Grecia è un'ora avanti rispetto all'Italia e alla Svizzera tutto l'anno (l'ora legale è in vigore nello stesso periodo).

## ORE DI LUCE

In Grecia i giorni invernali sono molto più lunghi che nell'Europa continentale e quelli estivi più corti. All'inizio di gennaio il sole sorge alle 7.45 e tramonta alle 17.15, mentre all'inizio di luglio sorge alle 6.10 e tramonta alle 20.50.

## POSTA

Gli uffici postali si trovano a Firá, Akrotíri, Kamári, Messariá, Oía e Períssa. Orario: lun-ven 7.30-15.

## RAPPRESENTANZE DIPLOMATICHE

**AMBASCIATA ITALIANA**
*Odós Sekeri 2 | Atene | tel 21 03 61 72 60 | www.ambatene.esteri.it*
**AMBASCIATA SVIZZERA**
*Odós Iassíou 2 | Atene | tel 21 07 23 03 64 | www.eda.admin.ch/athens*

## SALUTE

Santorini dispone di una buona assistenza sanitaria di base, con medici preparati ma con strutture piuttosto carenti. L'*Health Center* statale *(Firá, sulla via principale inferiore, 50 m a valle dell'autostazione | tel 22860 233 33)*, una specie di piccolo ospedale, è aperto 24 ore su 24. In caso di emergenza i cittadini stranieri sono accompagnati in elicottero negli ospedali di Atene o Iráklio, sull'isola di Creta.
Le cure urgenti sono gratuite. Anche i ricoveri in clinica e le prestazioni dei medici di base sono esenti da pagamento per chi è in possesso della Tessera Europea Assicurazione Malattia (TEAM). Ciononostante i dottori chiedono spesso di essere pagati in contanti. Vi consigliamo perciò di stipulare un'assicurazione di viaggio che comprenda anche la copertura sanitaria.
*Medical Emergency of the Cyclades (tel 22860 322 81)* è un centro privato sempre aperto con sede centrale a Messariá.

## QUANTO COSTA?

| | | |
|---|---|---|
| **Benessere** | **25 euro** | |
| | *un massaggio in spiaggia* | |
| **Benzina** | **1,65 euro** | |
| | *1 litro di super* | |
| **Caffè** | **2,50 euro** | |
| | *un caffè greco* | |
| **Escursione** | **35 euro** | |
| | *giornaliera* | |
| **Snack** | **2,50 euro** | |
| | *un gyros* | |
| **Vino** | **3,8 euro** | |
| | *un bicchiere* | |

Le farmacie sono ben fornite, ma potrebbero non avere i medicinali di case farmaceutiche note in Italia: è sempre meglio conoscere il principio attivo del farmaco per poterne ricevere uno equivalente. A Firá, nei paraggi della *platía*, ve ne sono tre, altre si trovano a Emborió, Kamári e Messariá.

## TAXI

Se intendete prendere un taxi potete fermarlo per strada, attendere nei posteggi riservati o farlo chiamare per telefono. Le stazioni principali si trovano nel capoluogo Firá e all'aeroporto. I prezzi sono fissati dallo Stato e relativamente bassi. In genere i tassisti sono abbastanza onesti, ma prima di partire vi consigliamo comunque di informarvi sulla tariffa richiesta. Il tragitto da Firá all'aeroporto costa circa €14, quello da Firá al porto di Athínios circa €18.

## TELEFONO E CELLULARE

Non c'è quasi più nessun turista che faccia chiamate all'estero da rete fissa. Le colonnine con i telefoni a scheda, un tempo onnipresenti, sono oggi perlopiù fuori uso.

Prima di acquistare da un edicolante una scheda telefonica (€4), sarebbe meglio informarsi se nei pressi esiste ancora un telefono pubblico: se sì, con la scheda prepagata si risparmia. Tra le 22 e le 6 dei giorni feriali e per l'intera durata del sabato e della domenica le tariffe sono più economiche. In alternativa, basta approfittare di una rete wireless e chiamare via Skype o Truphone.

Se pensate di usare spesso il telefono sia per le chiamate in uscita che per quelle in entrata vi consigliamo di acquistare una Sim greca (Cosmote, Wind, Vodafone) in uno dei negozi di telecomunicazioni dell'isola. Al momento dell'acquisto dovrete esibire la carta di identità o il passaporto.

Prefissi per chiamate all'estero: Italia *0039*, Svizzera *0041*. Il prefisso italiano è seguito dall'indicativo della città con lo zero iniziale e il numero dell'abbonato. In quello svizzero non va digitato il primo zero del luogo in cui si chiama.

Per telefonare a Santorini dall'estero

# IL TEMPO A SANTORINI

| | Gen | Feb | Mar | Apr | Mag | Giu | Lug | Ago | Set | Ott | Nov | Dic |
|---|---|---|---|---|---|---|---|---|---|---|---|---|
| Temperature diurne in °C | 15 | 15 | 17 | 20 | 24 | 28 | 31 | 31 | 28 | 24 | 20 | 17 |
| Temperature notturne in °C | 9 | 9 | 10 | 13 | 16 | 20 | 22 | 23 | 21 | 17 | 13 | 10 |
| ☀ Ore di soleggiamento/giorno | 5 | 5 | 7 | 9 | 10 | 12 | 13 | 12 | 11 | 8 | 6 | 4 |
| ☂ Precipitazioni giorni/mese | 12 | 9 | 7 | 3 | 2 | 0 | 0 | 0 | 1 | 5 | 6 | 11 |
| ≋ Temperatura dell'acqua in °C | 17 | 16 | 16 | 17 | 19 | 21 | 23 | 25 | 24 | 22 | 20 | 18 |

☀ Ore di soleggiamento/giorno ☂ Precipitazioni giorni/mese ≋ Temperatura dell'acqua in °C

componete lo *0030* (prefisso internazionale della Grecia) seguito dal numero intero.

## VALUTA E PREZZI

La Grecia fa parte della zona euro. Si possono prelevare contanti dagli sportelli con una tessera bancomat o una carta di credito, mentre i traveller's cheque si possono incassare presso gli uffici postali e le banche, aperte dal lunedì al giovedì dalle 8 alle 14.30 e il venerdì dalle 8 alle 14.

Le fasce di prezzo di hotel e ristoranti sono superiori a quelle di altre isole greche. Ci sono strutture particolarmente costose (soprattutto quelle che si affacciano sulla caldera) e altre più semplici e convenienti, ma i prezzi subiscono un'impennata significativa in alta stagione (in particolare luglio e agosto). In generale, gli alimentari (che arrivano necessariamente in nave), la benzina e le cene al ristorante (non nelle *taverne* semplici) costano più che in Italia.

## VIAGGIO

In estate è possibile raggiungere Santorini partendo da diversi aeroporti italiani. Il viaggio dura circa due ore e mezza da Milano e due da Roma. I voli di linea fanno quasi sempre scalo ad Atene e sono spesso più economici dei diretti, garantiti solo in alcuni periodi dell'anno.

L'aeroporto dell'isola si trova a metà strada tra Kamári e Monólithos. Una volta atterrati, per raggiungere il vostro albergo vi consigliamo di prendere un taxi. L'aeroporto non dispone di una navetta, ma gli autobus di linea collegano Firá a Monólithos una dozzina di volte il giorno.

Dall'estero non esistono traghetti diretti per Santorini: si deve prendere la nave che collega l'Italia con Patrasso, quindi proseguire fino al Pireo e da lì salire su un ferry boat diretto sull'isola, con partenze garantite più volte al giorno. I traghetti normali, a seconda del numero degli scali nelle altre isole dell'Egeo, impiegano dalle 7 ore e mezza fino alle 11 ore e mezza per raggiungere l'isola. I catamarani, che possono anche trasportare veicoli, costano più del doppio, ma impiegano solo 4-5 ore. I catamarani sono gestiti da *Minoan Lines (www.mino an.gr)*, i traghetti da *Minoan Lines* e *Blue Star Ferries (www.bluestarferries.com)*.

In alternativa si può volare a Iráklio, sull'isola di Creta, visitare il Museo Archeologico e scoprire l'apice della cultura minoica nel Palazzo di Cnosso e il giorno successivo prendere il traghetto o il catamarano per Santorini. Trovate gli orari e le tariffe sui siti *www.seajets.gr* e *www.minoan.gr*

## ZANZARE

Le zanzare non fanno particolari eccezioni per Santorini. Quindi, conviene portare con sé un repellente per tener lontani il più possibile gli insetti, nonché prodotti che possano alleviare il fastidio del prurito.

# FRASARIO GRECO

## COME SI PRONUNCIA

Per semplificare la pronuncia dei termini e delle locuzioni greche è stata adottata una trascrizione fonetica semplificata (in parentesi quadre). Ecco alcune regole:
ð come l'inglese th in "the", [d] pronunciata con la punta della lingua dietro i denti
θ come l'inglese th in "think", [t] pronunciata con la punta della lingua tra i denti
Il corsivo indica che l'accento cade sulla sillaba.

| | | | | | | | | | | |
|---|---|---|---|---|---|---|---|---|---|---|
| Α | α | a | Η | η | i | Ν | ν | n | Τ | τ | t |
| Β | β | v, w | Θ | θ | th | Ξ | ξ | ks, x | Υ | υ | i, y |
| Γ | γ | g, i | Ι | ι | i, j | Ο | ο | o | Φ | φ | f |
| Δ | δ | d | Κ | κ | k | Π | π | p | Χ | χ | h |
| Ε | ε | e | Λ | λ | l | Ρ | ρ | r | Ψ | ψ | ps |
| Ζ | ζ | s, z | Μ | μ | m | Σ | σ, ς | s, ss | Ω | ώ | o |

### VOCABOLARIO BASE

| | | |
|---|---|---|
| si/no/forse | ne/ohi/isos | Ναι/ Όχι/Ίσως |
| prego/per favore/grazie | parakalo/parakalo/efharisto | Παρακαλώ/Παρακαλώ/ Ευχαριστώ |
| Scusi! | Signomi! | Συγνώμη! |
| Scusate! | Mesighiorite! | Με συγχωρείτε |
| Potrei...? | Epitrepete...? | Επιτρέπεται...? |
| Come ha detto? | Oriste? | Ορίστε? |
| Vorrei.../Avete...? | Thelo.../Ahiete...? | Θέλω.../Έχετε...? |
| Quanto costa...? | Posso kani...? | Πόσο κάνει...? |
| (non) mi piace | afto (den) mu aresi | Αυτό (δεν) μου αρέσει |
| buono/cattivo | kalo/kako | καλό/κακό |
| troppo/molto/poco | para poli/poli/ligo | πάρα πολύ/πολύ/λίγο |
| tutto/niente | ola/tipota | όλα/τίποτα |
| Aiuto!/Attenzione! | Voithia!/Prosohi! | Βοήθεια!/Προσοχή |
| ambulanza | asthenoforo | Ασθενοφόρο |
| polizia/vigili del fuoco | astinomia/pirosvestiki | Αστυνομία/Πυροσβεστική |
| divieto/vietato | apagorefsi/apagorevete | Απαγόρευση/απαγορέυεται |
| pericolo/pericoloso | kindinos/epikindinos | Κίνδυνος/επικίνδυνος |
| si/no/forse | ne/ohi/isos | Ναι/ Όχι/Ίσως |
| prego/per favore/ grazie | parakalo/parakalo/ efharisto | Παρακαλώ/Παρακαλώ/ Ευχαριστώ |

# Milás ellinká?

**"Parli greco?"** Questo frasario vi aiuterà ad apprendere parole e frasi d'uso comune

## SALUTI

| | | |
|---|---|---|
| Buongiorno!/Buona sera/ Buonanotte! | Kalimera!/Kalispera!/ Kalinihta! | Καλημέρα!/Καλησπέρα!/ Καληνύχτα! |
| Ciao!/Arrivederci! | Yia (su/sas)!/Adio! | Γεία (σου/σας)!/αντίο! |
| mi chiamo... | me lene... | Με λένε... |
| Lei come si chiama? | Pos sas lene? | Πως σας λένε; |

## DATA E ORA

| | | |
|---|---|---|
| lunedì | deftera | Δευτέρα |
| martedì | triti | Τρίτη |
| mercoledì | tetarti | Τετάρτη |
| giovedì | pempti | Πέμπτη |
| venerdì | paraskevi | Παρασκευή |
| sabato | savato | Σάββατο |
| domenica | kiriaki | Κυριακή |
| giorno feriale | ergasimi | Εργάσιμη |
| oggi/domani/ieri | simera/avrio/hites | Σήμερα/Αύριο/Χτες |
| Che ore sono? | Ti ora ine? | Τι ώρα είναι; |

## PER STRADA

| | | |
|---|---|---|
| aperto/chiuso | anihto/klisto | Ανοικτό/Κλειστό |
| entrata | isodos | Είσοδος |
| uscita | eksodos | Έξοδος |
| partenza/arrivo | anahiorisi/afiksi | Αναχώρηση/Άφιξη |
| toilette/signore/signori | tualetes/ginekon/andron | Τουαλέτες/Γυναικών/Ανδρών |
| acqua potabile | posimo nero | Πόσιμο νερό |
| Dov'è...?/Dove sono...? | Pu ine...? | Πού είναι...; |
| autobus/taxi | leoforio/taksi | Λεωφορείο/Ταξί |
| mappa della città/ mappa (del paese) | hiartis tis polis/hiartis | Χάρτης της πόλης/Χάρτης |
| porto | limani | Λιμάνι |
| aeroporto | aerodromio | Αεροδρόμιο |
| orari/biglietto | dromologio/isitirio | Δρομολόγιο/Εισιτήριο |
| Vorrei noleggiare... | Thelo na nikiaso... | Θήλω να νοικιάσω... |
| un'auto/una bicicletta/ una barca | ena aftokinito/ena podilato/ mia varka | ένα αυτοκίνητο/ένα ποδήλατο/μία βάρκα |
| stazione di servizio | venzinadiko | Βενζινάδικο |
| benzina | wenzini | Βενζίνη |
| diesel | dizel | Ντίζελ |

## MANGIARE E BERE

| | | |
|---|---|---|
| Per favore, prenotateci un tavolo per quattro persone per questa sera | Kliste mas parakalo ena trapezi ya apopse ya tessera atoma | Κλείστε μας παρακαλώ ένα τραπέζι γιά απόψε γιά τέσσερα άτομα |
| Il menu, per favore | Ton katalogo parakalo | Τον κατάλογο παρακαλώ |
| Per favore, potrei avere…? | Thaithela na ehio…? | Θα ήθελα να έχω…? |
| vegetariano | hortofagos | Χορτοφάγος |
| allergia | allergia | Αλλεργία |
| Vorrei il conto, per favore | Thelo na pliroso parakalo | Θέλω να πληρώσω παρακαλώ |

## SHOPPING

| | | |
|---|---|---|
| Dove trovo…? | Puthavro…? | Που tha βρω…? |
| farmacia/profumeria | farmakio/katastima kallintikon | Φαρμακείο/Κατάστημα καλλυντικών |
| panificio | furnos | Φούρνος |
| mercato | agora | Αγορά |
| negozio di alimentari | pandopolio | Παντοπωλείο |
| edicola | periptero | Περίπτερο |
| costoso | akrivos | ακριβός |
| economico | ftinos | φτηνός |
| prezzo | timi | Τιμή |
| più | pyo | πιό |
| meno | ligotero | λιγότερο |

## DORMIRE

| | | |
|---|---|---|
| Ho prenotato una camera | Kratisa ena domatyo | Κράτησα ένα δωμάτιο |
| Avete ancora… | ehiete akoma… | Έχετε ακόμα… |
| camera singola/doppia | monoklino/diklino | Μονόκλινο/Δίκλινο |
| chiave | klidi | Κλειδί |
| chiave elettronica | ilektroniko klidi | Ηλεκτρονικό κλειδί |

## SALUTE

| | | |
|---|---|---|
| medico | yiatros | Ιατρός |
| dentista | odondoyiatros | Οδοντογιατρός |
| pediatra | pediatros | Παιδίατρος |
| ospedale | nosokomio | Νοσοκομείο |
| ambulatorio | yiatriko kentro | Ιατρικό κέντρο |
| febbre | piretos | Πυρετός |
| dolore | ponos | Πόνος |
| diarrea | diarria | Διάρροια |
| nausea | anagula | Αναγούλα |
| scottatura solare | iliako engavma | Ηλιακό έγκαυμα |
| infiammato | molimeno | μολυμένο |

| ferito | pligomeno | πληγωμένο |
| antidolorifico | pafsipono | Παυσίπονο |
| compressa | hiapi | Χάπι |

## TELECOMUNICAZIONI E MEDIA

| francobollo | gramatosimo | Γραμματόσημο |
| lettera | gramma | Γράμμα |
| cartolina | kart-postal | Καρτ-ποστάλ |
| Avrei bisogno di una scheda telefonica per la rete fissa | Kriazome mia tilekarta ja dimosio tilefoniko thalamo | Χρειάζομαι μία τηλεκάρτα για δημόσιο τηλεφωνικό θάλαμο |
| Sto cercando una scheda prepagata per il mio cellulare | Tha ithela mia karta yia to kinito mu | Θα ήθελα μία κάρτα για το κινητό μου |
| Dove trovo un accesso a Internet? | Pu boro na vro prosvasi sto indernet? | Που μπορώ να βρω πρόσβαση στο ίντερνετ; |
| connessione Internet/wi-fi | sindesi se asirmato ditio/vaifai | Σύνδεση σε ασύρματο δίκτυο/WiFi |

## TEMPO LIBERO, SPORT E SPIAGGE

| spiaggia | para'lia | Παραλία |
| ombrellone | om'brella | Ομπρέλα |
| sdraio | ksap'plostra | Ξαπλώστρα |

## NUMERI

| 0 | mi'dhen | μηδέν |
| 1 | 'enna | ένα |
| 2 | 'dhio | δύο |
| 3 | 'tria | τρία |
| 4 | 'tessera | τέσσερα |
| 5 | 'pende | πέντε |
| 6 | 'eksi | έξι |
| 7 | ef'ta | εφτά |
| 8 | och'to | οχτώ |
| 9 | e'nea | εννέα |
| 10 | 'dhekka | δέκα |
| 11 | 'endhekka | ένδεκα |
| 12 | 'dodhekka | δώδεκα |
| 20 | 'ikossi | είκοσι |
| 50 | pen'inda | πενήντα |
| 100 | eka'to | εκατό |
| 200 | dhia'kossja | διακόσια |
| 1000 | 'chilia | χίλια |
| 10000 | 'dhekka chil'jades | δέκα χιλιάδες |

# ATLANTE
# STRADALE

La linea verde ▬▬ indica *Il tour ideale* descritto
nel capitolo *Gite ed escursioni*
La linea blu ▬▬ indica gli altri percorsi
Tutti gli itinerari sono riportati anche nella carta estraibile

In foto: una vite sul suolo vulcanico di Santorini

A · B · C

1

## THIRASIA
## ΘΗΡΑΣΙΑ

Akrotiri Riva
Ακρ. Ρίβα

2

Akrotiri Omos
Ακρ. Ομος

Agia Irini
Αγια Ειρηνη

Riva
Ριβα

*Ormos Ammoudi*
*Όρμος Αμμουδι*

Akrotiri Agios Nikolaos
Ακρ. Άγιος Νικόλαος

Evangelismos
Ευαγγελισμος

•212

Korfos
Κορφός

Akrotiri
Simandiri
Ακρ. Σιμανδίρι

3

Potamos
Ποταμος

Agrilia
Αγρίλια

Manolas
Μάνολας

*Ormos Nikolaos*
*Όρμος Νικολαος*

Agios Charalampos
Άγιος Χαραλαμπος

Christos
Χριστος

Viglos
Βιγλος
295•

Kera
Κερα

4

Akrotiri Kimino
Ακρ. Κιμινο

50   100   150   250

## NEA
## ΝΕΑ

Akr. Stak
Ακρ. Στακτ

Kimisi
Κοιμησ

Akrotiri Tripiti
Ακρ. Τρυπιτη

## PALEA KAMENI
## ΠΑΛΕΑ ΚΑΜΕΝΗ

5

Agios Nikolaos
Άγιος Νικόλαος

103

Iraklion
Ηρακλειον

Anafi
Αναφη

## ASPRO
## ΑΣΠΡΟ

6

1 km
0.62 mi

128

126

Akrotiri Mavr
Ακρ. Μαυροπε

1

3

Agios Ioannis
Άγιος Ιωάννης

Tholos
Θολος

Katharos
Beach

Oia
Οία

13   m   14

2

**D** **E** **F**

*Baxedes*
*Beach*
15
*Paradisos*
*Beach*

**1**

*Koloumbos Beach*

Akrotiri Kouloumbos
Ακρ. Κουλουμπος

*Kyra Panagia*
*Κυρά Παναγιά*

Koloumbos
Κολουμπος

*B a x e d e s*
Μ π α ξ ε δ ε ς

*Pori Beach*

*E g e o*
*P e l a g o s*

*Megalo Vouno*
Μεγάλο Βουνό
329

11

Pori
Πόροι

Α ι γ α ι ο
Π ε λ α γ ο ς

**2**

2
200

*Mikro Profitis Ilias*
Μικρό Προφήτης Ηλίας
371

Agia Irini
Αγία Ειρήνη

**THIRA**
ΘΗΡΑ

Analypsi
Ανάληψη

*M o u s a k i*
Μ ο υ σ α κ ι

1,5

Agios Artemios
Αγιος Αρτέμιος

*Xiropigadi Beach*

1

1,5

Agia Irini
Αγία Ειρήνη

**Vourvoulos**
*Beach*

**3**

200

250

1,5

Imerovigli
Ημεροβίγλι

Thepskepasti
Θεοσκέπαστη

300

**Vourvoulos**
Βούρβουλος

298

Kanakari
Κανάκαρι

Akrotiri Tourlos
Ακρ. Τούρλος

Moni Ag. Nikolaou
Μον. Αγ. Νικολάου

Firostefani
Φηροστεφάνι

1 2 3
4 5 6

**Fira**
Φηρά

Kontochori
Κοντοχώρι

**MENI**
ΈΝΗ

2

Katikies
Κατοικίες

**4**

**Karterados**
Καρτεράδος

*eorgios*
*εωργιος*

200

*Agios Tachiaschis*
Αγιος Ταχιάρχης

6

150

0,5

1,5

100

**5**

**6**

127

Akr. Alonaki
Ακρ. Αλονάκι

1

**Messaria**
Μεσαριά

4

0,5

*Ormos Athinios*
Ορμός Αθηνιος

**Vothonas**
Βόθωνας

2,5

**Exo Gonia**
Έξω Γωνία

*s Kenios*
*ς Καινιος*

**Athinios**
Αθηνιός

127

**Pirgos**
0,5 Πύργος

129

**Messa**
Μέσα

0,5

# NEA KAMENI
# ΝΕΑ ΚΑΜΕΝΗ

# PALEA KAMENI
# ΠΑΛΕΑ ΚΑΜΕΝΗ

Agios Nikolaos
Άγιος Νικόλαος

Georgios
Γεώργιος
127

Agios Tachiarchis
Άγιος Ταχιάρχης

Akr. Stakti
Ακρ. Στάκτη

103

*Iraklion*
Ηράκλειον

*Anafi*
Ανάφη

*O r m o s   K e n i o s*
Ορμος  Καινιος

# THIRA
# ΘΗΡΑ

Theoskepasti
Θεοσκέπαστη

*Ormos Balos*
Ορμος Μπαλος

Akrotiri
Ακρωτήρι

Balos Beach

Loumarades
Λουμαράδες
219

Akrotiri Akrotiri
Ακρ. Ακρωτήρι

Agia Anna
Αγία Άννα

*Mesa Pigadia Beach*

162

Akrotiri
Ακρωτήρι

*M e s a   P i g a d i a*
Μεσα Πηγαδια

White Beach

Kambia Beach

Akrotiri Beach

Almira Beach

Akrotiri Vounia
Ακρ. Βουνιά

Red Beach

*O r m o s   A k r o t i r i*
Ορμος  Ακρωτηρι

# *K r i t i k o*
# *P e l a g o s*
# Κρητικο
# Πελαγος

1 km
0.62 mi

*Pigadia*
Πηγάδια

**D** **E** **F**

Kanakari
Κανάκαρι

**1**

Kontochori
Κοντοχώρι

*Gialos Karteradou*
Γιαλός Καρτεράδου

Katikies
Κατοικίες

Exo Gialos
Έξω Γυαλός

*Monolithos Beach*

Monolithos
Μονόλιθος

Karterados
Καρτεράδος

**2**

**6**

Agios Ioannis
Άγις Ιωαννης

Messaria
Μεσαριά

**1**

**4**

**6**

Agia Paraskevi
Αγία Παρασκευή

Vothonas
Βοθώνας

Exo Gonia
Έξω Γωνιά

**1**

**3**

*Athinios*
Αθηνιός

Pirgos
Πύργος

*Avis Beach*

**4**

Messa Gonia
Μέσα Γωνιά

**7**

**6**

**3**

Panagia Episkopi
Παναγία Επισκοπή

Kamari
Καμάρι

**8**

*Ormos
Kamari*
Όρμος
Καμάρι

**4**

Profitis Ilias
Προφήτης Ηλίας

*587*

Moni Profiti Ilia
Μ. Προφήτη Ηλία

*400*

Messa Vouno
Μέσα Βουνό

*368*

Archea Thira
Αρχαία Θήρα

Emborio
Εμπορείο

*Akrotiri
Messa
Vouno*
Ακρ. Μέσα Βουνό

*Nikitas*
Νικήτας

Moni
Zoodochou Pigis
Μ. Ζωοδόχου Πηγής

Perissa
Περίσσα

**5**

**5**

*Ormos Perissa*
Όρμος Περίσσα

*Limnes Water
Park*
Λίμνες

**3**

Perivolos
Περίβολος

*Gavrilos*
Γαύριλος

*Perivolos
Beach*

**1**

*Ormos Agios Georgios*
Όρμος Αγιος Γεωργίος

**6**

Vlichada
Βλυχάδα

*chada*
*each*

*chada*
χάδα

*Akrotiri Exomitis*
Ακρ. Εξωμύτης

# LEGENDA DELLE CARTINE

| | | |
|---|---|---|
| ═══ | Strada principale | Κυρια Οδος |
| ═══ | Strada | Δρομος Βατος |
| – – – | Strada pedonale | Μονοπατι |
| ♀ | Chiesa | Εκκλησια |
| ♁ | Monastero | Μοναστηρι |
| ☗ | Mulino a vento | Ανεμομυλος |
| ⚊ | Faro | Φαρος |
| ⚐ | Stazione radar | Σταθμος Ρανταρ |
| ≋ | Spiaggia | Παραλια |
| 🚌 | Stazione autobus | Σταθμος Λεοφοριου |
| ⚓ | Porto | Ναυτιλιακη Οδος |
| ✈ | Aeroporto | Αερολιμενας |
| ▲ | Ostello della gioventù | Ξενωνας Νεοτητος |
| Å | Campeggio | Καμπινγκ |
| ⏛ | Sito archeologico | Αρχαιολ. Τοπος |
| m | Museo | Μουσειο |
| ⊞ | Castello | Καστρο |

Intervalli profondità    Υψομετρο

| | |
|---|---|
|  | 300 m |
|  | 200 – < 300 m |
|  | 100 – < 200 m |
|  | 20 – < 100 m |
|  | 0 – < 20 m |

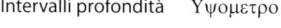

Il tour ideale
Διαδρομυ εμπειριας 1

Gite ed escursioni
Διαδρομες εμπειριας

Le scelte MARCO POLO

## GUIDE

### ITALIA
Calabria
Dolomiti
Firenze
Ischia
Liguria
Milano
Napoli e il Golfo
Puglia
Roma
Sardegna
Sicilia
Toscana
Venezia

### EUROPA
Algarve
Amsterdam
Andalusia
Atene
Austria
Azzorre
Barcellona
Berlino
Budapest
Bretagna
Copenaghen
Corfù
Corsica
Cracovia
Creta
Croazia
Dublino
Edimburgo
Emilia Romagna
Francoforte
Gran Canaria
Ibiza,
  Formentera
Il Cammino
  di Santiago
Irlanda
Islanda
Istanbul
Kos
Lanzarote

Lisbona
Londra
Madrid
Maiorca
Malta, Gozo
Minorca
Monaco
  di Baviera
Montenegro
Parigi
Portogallo
Praga
Provenza
Rodi
Santorini
Scozia
Stoccolma
Tallinn
Tenerife
Valencia
  e Costa Blanca
Vienna

### MONDO
Azzorre
Bali
California
Cuba
Dubai
Iran
Marocco
New York
Oman
Phuket
Portogallo
Tokyo

## CARTE STRADALI

### ITALIA
Abruzzo
Alpi
Calabria
Campania,
  Basilicata

Emilia Romagna
Friuli Venezia
  Giulia
Italia
Lazio
Liguria
Lombardia,
  Laghi del Nord
  Italia
Marche
Molise
Piemonte
Puglia
Sardegna
Sicilia
Toscana
Trentino Alto
  Adige
Umbria
Valle d'Aosta
Veneto, Friuli,
  Lago di Garda

### EUROPA
Andalusia
Austria
Belgio
Bielorussia
Bosnia-
  Erzegovina
Bretagna, Bassa
  Normandia
Bulgaria
Canarie, isole
Corfù
Corsica
Costa Azzurra
Creta
Croazia costiera,
  Slovenia
Danimarca
Estonia
Finlandia
Francia
Galles
Germania
Gran Bretagna
Grecia, Cicladi,
  Sporadi
Ibiza,
  Formentera,
  Maiorca,
  Minorca
Inghilterra
Irlanda

Islanda
Lettonia
Lituania
Lussemburgo
Macedonia
Montenegro
Norvegia
Paesi Baltici
Paesi Bassi
Polonia
Portogallo
Provenza
Repubblica Ceca
Romania,
  Repubblica di
  Moldavia,
  Russia
Scozia,
  Inghilterra del
  Nord
Slovacchia
Slovenia
Spagna
Svezia
Svizzera
Turchia
Ucraina
Ungheria

### MONDO
Australia
Bangladesh
Bhutan
Botswana
Brasile
California
Cambogia
Canada
Cina, Corea,
  Bhutan
Cuba
El Salvador
Filippine
Florida
India
Indonesia
Laos
Malaysia
Marocco
Messico,
  Guatemala,
  Belize
Namibia
Nepal
Nuova Zelanda

Sri Lanka
Stati Uniti
  occidentali,
  Costa del
  Pacifico
Stati Uniti
  orientali,
  Grandi Laghi,
  Appalach
Sud America
Sudafrica,
  Namibia,
  Botswana
Thailandia
Tunisia
Vietnam

## PIANTE CITTÀ

### ITALIA
Firenze
Milano
Roma
Venezia

### EUROPA
Amsterdam
Atene
Barcellona
Berlino
Bruxelles
Budapest
Copenaghen
Istanbul
Lisbona
Londra
Madrid
Mosca
Parigi
Praga
San Pietroburgo
Siviglia
Stoccolma
Vienna

### MONDO
Los Angeles
Miami
Montreal
New York
Pechino
San Francisco
Sidney
Tokyo

## Tutte le novità su **guidemarcopolo.it**

# INDICE DEI NOMI

Sono riportati qui tutti i luoghi di interesse, le chiese (Agía/Ágii/Ágios/Panagía), le attrazioni, le spiagge (Beach), le mete delle escursioni, le attività e le parole chiave citati nella guida. I numeri di pagina dei riferimenti principali sono in neretto.

Agía Iríni **76**
Agía Theosképasti 41
Ágii Anárgiri 61
Ágios Artémios 8, **91**, 95, 111
Ágios Charálambos 60
Ágios Dimítrios 62
Ágios Efstáthios 49
Ágios Geórgios 41, 60
Ágios Ioánnis 63
Ágios Márkos 98
Ágios Nikólaos 37, **52**, 80, 84, 97
Ágios Nikólaos Marmarítis 80
Ágios Spyrídonas 80
Ágios Stéfanos 53
Akrotíri 8, 9, **10**, **14**, 15, 16, 18, 30, 34, 35, 38, 39, 40, 58, 62, 66, **68**, **69**, 70, **71**, **72**, **73**, **74**, 75, 80, 81, 93, 94, 106, 108, 110, 114, 115, 117
Akrotíri Beach 71, 74
Almyrá Beach **73**
Ammoúdi 9, **83**, 84, **85**, 89, 95
Architettura 20, 58, 79
Arméni 60, **84**, 88, 91
Art Space 6, 31, **58**, 102
Asíni 23, 40, **48**
Aspronísi 15
Baia di Petralioú 60
Bálos Bay 74
Bandiere 21
Baxédes Beach 16, **85**, **88**, 89
Benessere 17, 18, 19, 85, 89, **104**, 105, 113, 117
Bicicletta 86, **105**, 114
Bisanzio **21**, 22
Caldera Beach **73**, 74, 75
Cantina Antoníou **65**
Cantina Boutári **66**
Cantina Canáva Roússos **66**
Cantina Gaválas 8, 61
Cantina Lava-Koutsoyianópoulos **67**
Capo Ágios Nikólaos 84
Capo Akrotíri **10**, 15, 16, 58, 68, 93
Capo Koloúmbos 88
Capo Mavrópetra 88, 95
Cattedrale ortodossa 10, 34, **35**, 37, 42, 43, 45, **96**, 97
Chiesa della Panagía 66, **85**, 110
Cíne Kamári 11, **53**, **57**
Cíne Villaggio **57**
Collezione di icone 65
Crisi 22, 24, 66
Emborió 20, 68, 76, **79**, 80, 117
Equitazione **106**
Escursionismo **106**
Éxo Gialós 48
Éxo Goniá 37, 58, **60**, 106

Faro 10, 15, 16, 30, 58, 71, 73, 74, 75, 86, 93
Finíkia 82, **86**, 87
Firá 6, 8, 9, 10, 13, 14, 16, 18, 22, 23, 30, 31, **32**, **33**, 34, 35, 36, 38, 40, 41, 45, 47, 48, 49, 50, 59, 60, 66, 72, 75, 79, 80, 82, **83**, 86, 89, 91, **92**, 93, 95, **96**, 97, 98, 102, 106, 108, 110, 111, 114, 115, 117, 118, 119
Firostefáni 9, 10, 13, 30, 32, 33, 45, 48
Funivia 23, **35**, 36, 37, 40, 43, 48, 97, 108
Imerovígli 13, 18, 19, 32, 33, 40, 41, 45, **96**, 97
Immersioni 10, **106**
Isódia tis Panagías 61
Kamári 6, 7, 10, 11, 16, 31, 32, 45, 50, **51**, 52, **53**, 54, 55, **56**, **57**, 58, 59, 60, 61, 62, 63, 64, 65, 66, 67, 76, 96, **101**, 102, 103, 105, 106, 107, 110, 114, 115, 117, 119
Kamári Beach 51, **56**, 96, 107
Kámbia Beach 74
Karterádos 6, 9, 48, 49, 107
Katharós Beach **89**
Koloúmbos Beach 88
Kontochóri 33, 48
Lavoro stagionale **21**
Manolás 13
Mégalohóri 8, 11, 19, 30, 50, **61**, 62, 66, 73, 74, 110
Mésa Goniá 66, 110
Mésa Pigádia 73, **74**
Mésa Vounó 50, 51, 52, 53, **54**, 63, 76, 77, **99**, 100, 101
Messariá 10, 24, 50, 59, 60, **62**, 65, 66, 67, 106, 117
Monólithos 16, 23, 45, 48, 50, 51, **57**, **63**, 103, 115, 119
Monólithos Beach **57**
Museo Archeologico 34, **35**, 36, 40, 46, 97, 115, 119
Museo del Vino 10, **67**, 103
Museo della Preistoria 10, 34, **35**, 38, 40, 115
Museo Megaron Gyzi 34
Museo Navale 84, **85**, 90, 95
Néa Kaméni 14, 19, 60
Oía 7, 8, 9, 11, 13, 14, 15, 16, 18, 21, 23, 30, 31, 48, 49, 58, 60, 65, 75, **82**, **83**, 84, 85, 86, **87**, 88, 89, 91, 95, **96**, 98, 104, 114, 115, 117
Paléa Kaméni 14, 60
Panagía Episkopí **53**, 58, **63**, 66, 102, 110
Panagía Goniás 64

Panagía Kalís 80
Panagía tis Katefiánis **76**, 101
Panagía tis Sergínas 103
Parádissos Beach 88
Paralía Áspri **74**
Paralía Kókkini **71**, **74**
Parkour 113
Períssa 7, 10, 16, 30, 31, 32, 45, 51, 52, 54, 62, **68**, 71, **76**, **77**, 79, 80, 81, 105, 106, 107, **109**, 114, 115, 117
Teríssa Beach **77**
Perívolos 11, 45, 58, 77, **80**, 82, 105, 107, 114, 115
Perívolos Beach 11, 58, 77, 107
Porí **89**, **91**
Porí Beach **89**, 91
Porto di Athínios **59**, 60, 66, 78, 94, 118
Porto vecchio 36, 40, 48, 108
Pozzolana **21**, 24
Profítis Ilías 15, 19, 50, 51, 58, 63, **64**, 98, **99**, 100
Pýrgos 19, 20, 50, **53**, 58, 60, 62, 64, 65, 66, 79, **99**, 111
Pýrgos Goúlas 79
Quartiere cattolico **35**, 36
Red Beach 31, **71**, 73, **74**, 75, 80, 93
Religione 24
Ríva 8, 48, 91
Rupe di Skáros 40, 41, 47, 97
Santozeum 34, **35**, 39, 72, 97
Sci nautico 104, **106**, 107
Scioperi 24
Sigálas Wine Factory **91**
Skála 40
Ta Frángika 36
Tennis 58, **107**
Thera antica **15**, **52**, **53**, 54, 63, 76, **79**, **99**, 100
Théros Beach **109**
Thirasía **8**, 13, 15, 48, 60, 66, 75, **91**, 106, 112
Thólos 82, 95
Timíou Stavroú **76**
Valli di erosione 9, 20, 24, 32, 49, 50, 65, 79
Vento 10, 20, 22, 25, 42, 50, 53, 63, 68, 115
Vliháda 16, 19, 68, 77, **81**, 94, 106, 114
Vliháda Beach 77
Vóthonas 6, 7, 25, 50, **65**, 102
Vourvoúlos 9, 24, 32, 49
Water Park Períssa **109**
White Beach 9, 31, 73, **74**, 75, 80, 108
Windsurf 104, **106**

## www.**guidemarcopolo**.it

# SCRIVETECI

Facciamo sempre del nostro meglio per darvi informazioni aggiornate per il vostro viaggio. Tuttavia, nonostante le meticolose ricerche dei nostri autori, qualche errore a volte può sfuggire.

Inviate i vostri messaggi a:
MARCO POLO Redazione
EDT srl, 17 via Pianezza
10149 Torino
redazione@guidemarcopolo.it

**Santorini, 2ª edizione maggio 2017**
ISBN: 978-88-5923-846-1
© EDT srl, 17 via Pianezza, 10149 Torino, edt@edt.it
Coordinamento: Linda Cottino
Traduzione dal tedesco: Armando Capannolo, Flavia Peinetti
Redazione e aggiornamenti per l'edizione italiana: Flavia Peinetti
Impaginazione: Gianmarco Bisognani; produzione: Alberto Capano
Stampato da: Graf Art srl, viale delle Industrie 30, 10078 Venaria (To)

**Tradotto dall'edizione originale tedesca completamente rivista e aggiornata:
Santorin 2017, 6ª edizione**
© MAIRDUMONT GmbH & Co. KG, Ostfildern
Caporedattrice: Marion Zorn; autore: Klaus Bötig; redazione: Arnd M. Schuppius; redazione editoriale: Stephan Dürr, Lucas Forst-Gill, Susanne Heimburger, Nikolai Michaelis, Martin Silbermann, Kristin Wittemann; photoeditor: Gabriele Forst, Veronika Plajer; tendenze: Klaus Bötig; wunder media, Monaco
Cartografia atlante e carta estraibile: © harms-ic-verlag Harms-Lawall-Wirth GdbR, Kandel; grafica di copertina, p1, pp2-3, copertina della carta estraibile: Karl Anders – Büro für Visual Stories, Amburgo; grafica interna: milchhof:atelier, Berlino; grafica Gite ed escursioni: Susan Chaaban Dipl.-Des. (FH)
Frasario: in collaborazione con Ernst Klett Sprachen GmbH, Stoccarda, redazione dizionari PONS

In copertina: Oía, la sua chiesa col campanile e la cupola (Look/TerraVista)
Foto: K. Bötig (1 in basso); Caldera Massages Studio: Antonio Totev (18 in basso); Getty Images: A. Gioumpasis (20-21); Getty Images/AWL Images (43, 87); Getty Images/Cultura: G. u. M. David de Lossy (104-105); Getty Images/Moment Open: J. Villasis (2); Getty Images/National Geographic Creative: R. Touzon (92-93); R. Hackenberg (risvolto sx, 4 in alto, 6, 11, 34, 68-69, 81); huber-images: J. Huber (112 in alto), H.-J. Jockschat (9), R. Massimo (28 sx, 64); IKIES Traditional Houses: Cathy Cunliffe (18 in alto); Laif: Tophoven (110-111); Laif/IML (90-91); Laif/Polaris: M. Kouri (71); Look: H. Bias (25), F. Werner (112 in basso); Look/TerraVista (1 in alto); mauritius images: D. Ball (111); mauritius images/ACORN 1/Alamy (30); mauritius images/age: C. Canbay (17); mauritius images/AGF: V. Valletta (56, 82-83); mauritius images/Alamy: R. Cummins (8), M. Fairman (10), B. Kean (103), W. Linden (50-51, 61), M.J. Mayo (26-27), M. Peerbacus (18 M., 95), N. Pitt (44), S. Reddy (5, 28 dx); mauritius images/Alamy/AegeanPhoto (84); mauritius images/Alamy/Hackenberg-Photo-Cologne (49); mauritius images/Alamy/TNT Magazine (59); mauritius images/imagebroker: Handl (75); mauritius images/Pixelstock/Alamy (19 in alto); picture-alliance: R. Hackenberg (39, 55); picture-alliance/dpa-Zentralbild: D. Gammert (36-37); D. Renckhoff (risvolto dx, 29, 30-31, 31, 52, 110, 113); SantoriniPhototours.com: Olaf Reinen (19 in basso); Schapowalow: G. Cozzi (14-15, 32-33); Schapowalow/SIME: J. Huber (12-13), M. Ripani (124-125); T. Stankiewicz (7, 23, 40, 62, 76, 79, 88, 107, 108, 109); vario images/Cultura (108-109); vario images/imageBROKER (4 in basso, 46, 67, 72, 98)

| Ristampa | | | | | Anno | | | | |
|---|---|---|---|---|---|---|---|---|---|
| 1 | 2 | 3 | 4 | 5 | 2019 | 20 | 21 | 22 | 23 |

# DA EVITARE

**Alcuni suggerimenti per non avere brutte sorprese**

## BERE TROPPO DURANTE LE DEGUSTAZIONI

A Santorini può essere rischioso approfittare di una degustazione prima di mettersi alla guida: è facile infatti superare il tasso alcolico consentito (0,5‰ per l'auto e 0,2‰ per lo scooter) e incorrere in una multa di ben €155 o peggio nel ritiro della patente.

## PRELEVARE POCO DENARO

A prescindere dal suo ammontare, il prelievo agli sportelli bancomat comporta sempre il pagamento di una commissione di €4-6. Non conviene quindi prelevare piccole somme ogni volta.

## SPENDERE AVVENTATAMENTE

Evitate di prenotare una gita organizzata in pullman appena arrivati a Santorini: vi accorgerete presto che anche con gli autobus di linea è possibile raggiungere tutte le località dell'isola e che se si è in 4 conviene prendere un taxi. Anche per le auto a noleggio è meglio confrontare le varie offerte.

## CORRERE DI QUA E DI LÀ

Si vedono più cose sedendosi e aspettando che ci passino davanti, che non muovendosi forsennatamente. In Grecia è la cosa più facile del mondo: i ristoratori non avranno niente da ridire se non tutti i clienti ordineranno qualcosa da bere oppure se ci si limita a chiedere una bottiglia di birra con due bicchieri.

## ASPETTARSI CHE I CALAMARI SIANO FRESCHI

I calamari sono tra i cibi preferiti dai turisti e dai greci, ma non provengono quasi mai dal Mediterraneo o dall'Egeo: in genere sono surgelati e importati dall'Estremo Oriente. Saranno anche buoni, ma così li trovate anche in un supermercato nostrano.

## COMPRARE BIJOUX IN LAVA

I monili in lava che si vendono a Santorini hanno ben poco a che vedere con l'isola: il più delle volte sono realizzati con lava di altri posti poi triturata e modellata. Specialista nella produzione di questi articoli è un'azienda elvetica.

## ORDINARE PESCE FRESCO ALLA CIECA

Il pesce fresco costa caro e si paga a peso. Prima di ordinarlo informatevi sul prezzo al chilo e assistete alla pesatura per risparmiarvi brutte sorprese al momento del conto.

## INDOSSARE ABITI SUCCINTI

In spiaggia e nelle località balneari i greci sono ormai abituati a vedere corpi seminudi. Nelle chiese però è buona norma coprirsi almeno le ginocchia, se non anche le spalle.